专精特新企业研究丛书

专精特新企业数字化转型与优势重塑

张学龙 著

企业管理出版社
ENTERPRISE MANAGEMENT PUBLISHING HOUSE

图书在版编目（CIP）数据

专精特新企业数字化转型与优势重塑 / 张学龙著.
北京：企业管理出版社，2024.12. —（专精特新企业研究丛书）. -- ISBN 978-7-5164-3157-3

Ⅰ.F272.7

中国国家版本馆 CIP 数据核字第 2024V6G352 号

书　　名：	专精特新企业数字化转型与优势重塑
书　　号：	ISBN 978-7-5164-3157-3
作　　者：	张学龙
特约策划：	唐琦林
策划编辑：	杨慧芳
责任编辑：	杨慧芳　李雪松
出版发行：	企业管理出版社
经　　销：	新华书店
地　　址：	北京市海淀区紫竹院南路 17 号　　邮编：100048
网　　址：	http://www.emph.cn　　电子信箱：314819720@qq.com
电　　话：	编辑部（010）68420309　　发行部（010）68417763　68414644
印　　刷：	北京亿友数字印刷有限公司
版　　次：	2024 年 12 月第 1 版
印　　次：	2024 年 12 月第 1 次印刷
开　　本：	710mm × 1000mm　　1/16
印　　张：	12.75
字　　数：	213 千字
定　　价：	78.00 元

版权所有　翻印必究·印装有误　负责调换

前 言

在当今飞速发展的数字时代，企业面临着前所未有的机遇和挑战。这是一个数字经济崛起的时代，也是专精特新企业展现独特优势的黄金期。对于专精特新企业而言，数字化转型既是一场挑战，更是一片充满机遇的热土。我们置身于信息爆炸的时代，技术日新月异，社会经济结构深刻变革，企业再也不能局限于传统经营模式。数字化转型成为企业不可回避的命题，不仅是为了迎合市场需求，更是为了在变革中找到新的增长引擎。在这个变革过程中，专精特新企业有机会通过数字化手段挖掘自身的潜能，创造更高的价值。数字化转型使得专精特新企业可以以全新的姿态参与市场竞争。通过提高运营效率，降低成本，企业可以更具竞争力地提供产品和服务。同时，数字化工具使得企业更容易提供定制化产品，满足个性化需求，提升客户体验。在这一过程中，企业的竞争优势得以重新塑造，市场份额的争夺不再仅仅依赖规模，更强调创新和灵活性。《专精特新企业数字化转型与优势重塑》一书试图深入研究这个新时代给专精特新企业带来的全方位变革与机遇，并向读者呈现数字化转型的无限可能性。

本书从理论和政策出发，综合考虑宏观时代背景和微观企业现状，关注专精特新企业如何通过数字化转型实现高质量发展，从而在市场竞争中重塑自身的竞争优势。全书共分为八章，具体如下。

第1章为绪论，旨在引导读者全面了解本书主题，介绍了全书的研究背景、意义、方法和框架。从研究背景出发，探讨了专精特新企业的发展现状、数字化转型的出现及应用、专精特新企业与数字化转型结合的可能性和必要性等内容；从理论意义、现实意义及实践意义论述了开展本研究的重要性和必要性；通过梳理相关文献，详细说明了国内专精特新企业、国外类专精特新企业的研究现状，为本研究提供研究经验，帮助建立主要的研究框架；另外，总结了本研究用到的研究方法并介绍各章的主要研究内容。

第2章为相关理论研究。详细介绍了专精特新企业、隐形冠军企业以及"小巨人"企业的定位、认定条件以及相关文献综述；深入探讨了数字化转型、动态能力理论以及微笑曲线理论，并从理论出发，说明了理论应用于实践的可能性，为全书的研究提供理论支撑。

第3章分析专精特新企业发展的重要性。对我国专精特新企业的政策支持和实施进行了介绍和分析，揭示了其对促进社会经济增长、推动产业升级、促进就业创新和推动社会稳定具有重要的战略意义，并对专精特新企业高质量发展提出了对策和建议。其一，继续优化政策支持；其二，加强创新能力培养；其三，重视并加强人才队伍建设；其四，加强企业融资能力建设，持续推动专精特新企业稳步、高质量发展。

第4章分析专精特新企业数字化转型的时代背景。介绍了国内国际双循环新发展格局以及国家优先战略，并说明了在此背景之下专精特新企业应该如何进行优势重塑，从而实现高质量发展。

第5章主要对专精特新企业数字化转型进行了分析。通过分析专精特新企业数字化转型的现状，指出目前存在的问题，进而深入说明专精特新企业进行数字化转型面临的挑战；从专精特新企业数字化转型和组织变革方面探讨了企业可持续发展的可能性；分别从技术赋能、平台赋能和生态赋能三个维度进行分析如何构建了专精特新企业数字化创新生态系统，为企业加速创新跨越，实现可持续发展提供决策依据。

第6章分析如何在专精特新企业竞争优势的基础上，进一步重塑企业在可持续发展、数字化转型和绿色创新发展道路上的新优势。从国家政策支持、创新能力与核心技术、人才招引与培育、品牌打造四个方面论述了专精特新企业相较于其他企业的竞争优势；指出专精特新企业面临融资难、数字化积极性不高、创新协同和市场拓展存在风险三大困境，进一步强调政府在这三个方面的引导作用；还介绍了绿色创新的概念和分类，探究了数字化转型通过降低企业成本、提高资源配置效率和增强研发能力三个维度赋能专精特新企业绿色创新发展，同时提出了促进专精特新企业绿色创新能力提升的相应措施。

第7章聚焦专精特新企业的高质量发展。提出了政府联合多元主体构建专精特新企业服务生态，完善服务体系和政策支持；根据新发展格局，分析了如何多方位发挥专精特新企业的强链补链作用；分析了如何培育和发展专精特新企业的新动能和新势能；分析了专精特新企业实现数字化转型升级的路径；从企业绿色创造力、生产、营销及创新等角度分析了数字化转型为专精特新企业带来的优势，从而通过数字化赋能企业高质量发展。

第8章为研究结论与展望。本书为专精特新企业的数字化转型与优势重塑提供了一定的理论和实践指导，旨在推动中小企业在新发展格局下实现高质量发展。

本书通过深度的案例分析和实证研究，深入理解专精特新企业数字化转型的本质，掌握专精特新企业优势重塑的过程，从而在激烈的市场竞争中实现可持续的发展。数字化时代，不变的是变化本身，期望本书能为专精特新企业发展提供实用与可操作性的建议，在数字化的浪潮中乘风破浪，重新定义竞争优势，迎接更加充满活力和创新的未来。

本书在写作过程中得到了广西师范大学经济管理学院徐钰鑫、陈晓范、李雨霏、韦俊怡等四位硕士研究生，杨倩、王艺然、赵尉婷、刘涵赟、赵静茹、梁瀚芳等五位本科生、桂林电子科技大学商学院宋婷婷、匡艳平、赵晓东等三位硕士研究生的协助，并参考了大量的相关文献资料，由于篇幅有限，并未在书中一一标出，特向文献资料的相关作者表示衷心感谢！同时，本书在出版过程中得到了企业管理出版社的大力支持，在此一并表示感谢！

由于笔者水平有限，加之专精特新企业研究理论与实践的迅速发展，书中难免有不当或疏漏之处，欢迎广大研究者批评指正。

目 录

第1章 绪 论

1.1 研究背景 ………………………………………………………… 001

1.2 研究意义 ………………………………………………………… 005
    1.2.1 理论意义 …………………………………………………… 006
    1.2.2 现实意义 …………………………………………………… 007
    1.2.3 实践意义 …………………………………………………… 009

1.3 国内外研究现状 ………………………………………………… 010
    1.3.1 国外研究现状 ……………………………………………… 010
    1.3.2 国内研究现状 ……………………………………………… 012

1.4 研究方法和研究内容 …………………………………………… 015
    1.4.1 研究方法 …………………………………………………… 015
    1.4.2 研究内容 …………………………………………………… 016

第2章 相关理论基础

2.1 专精特新企业 …………………………………………………… 022

2.2 隐形冠军企业 …………………………………………………… 024
    2.2.1 隐形冠军企业概述 ………………………………………… 024
    2.2.2 中国的隐形冠军企业 ……………………………………… 025

2.3 "小巨人"企业 …………………………………………………… 025

2.3.1 "小巨人"企业概述 ·············· 025
2.3.2 专精特新"小巨人"企业认定 ·············· 027
2.3.3 专精特新"小巨人"企业相关文献综述 ·············· 029

2.4 数字化转型 ·············· 031
2.4.1 数字化转型概论 ·············· 031
2.4.2 数字化转型文献综述 ·············· 033

2.5 动态能力理论 ·············· 034
2.5.1 动态能力理论概述 ·············· 034
2.5.2 动态能力文献综述 ·············· 036

2.6 微笑曲线理论 ·············· 037

2.7 本章小结 ·············· 039

第3章 专精特新企业发展的重要性

3.1 专精特新企业政策支持 ·············· 041
3.1.1 专精特新企业的政策支持及发展态势 ·············· 042
3.1.2 专精特新企业政策实施情况分析 ·············· 050

3.2 专精特新企业发展的战略意义 ·············· 053
3.2.1 专精特新企业促进经济增长 ·············· 054
3.2.2 专精特新企业推动产业升级 ·············· 056
3.2.3 专精特新企业促进就业创新 ·············· 057
3.2.4 专精特新企业发展对维护社会稳定的意义 ·············· 058

3.3 专精特新企业发展现状 ·············· 059
3.3.1 我国现阶段专精特新企业发展特点 ·············· 060
3.3.2 我国现阶段专精特新企业面临的关键挑战 ·············· 062
3.3.3 我国现阶段专精特新企业面临的机遇 ·············· 064

3.4 专精特新企业高质量发展对策 ·············· 065
3.4.1 不断优化政策支持 ·············· 066

3.4.2　增强创新能力 ………………………………… 067
　　3.4.3　加强人才队伍建设 …………………………… 068
　　3.4.4　增强融资能力 ………………………………… 069
3.5　本章小结 …………………………………………………… 071

第 4 章　专精特新企业数字化转型的时代背景

4.1　国内国际双循环新发展格局 ……………………………… 073
　　4.1.1　国内国际双循环发展格局的提出背景 ………… 073
　　4.1.2　国内国际双循环新发展格局的内涵、优势及作用 … 075
4.2　国家优先战略 ……………………………………………… 078
　　4.2.1　"专精特新"国家战略的提出及其内涵 ………… 078
　　4.2.2　"专精特新"上升为国家战略的原因 …………… 079
4.3　专精特新企业高质量发展与优势重塑 …………………… 082
　　4.3.1　专精特新企业高质量发展 ………………………… 082
　　4.3.2　专精特新企业高质量发展的优势重塑 …………… 085
4.4　专精特新企业数字化转型的重要价值 …………………… 088
　　4.4.1　专精特新企业数字化转型的内涵 ………………… 088
　　4.4.2　专精特新企业数字化转型的现实价值 …………… 089
4.5　精细化和新颖化的内涵和建设要求 ……………………… 092
　　4.5.1　精细化和新颖化的内涵 …………………………… 092
　　4.5.2　精细化和新颖化的建设要求 ……………………… 093
4.6　本章小结 …………………………………………………… 097

第 5 章　专精特新企业数字化转型

5.1　专精特新企业数字化转型现状 …………………………… 099
5.2　专精特新企业数字化转型面临的挑战 …………………… 105

	5.2.1	技术挑战 …………………………………………	105
	5.2.2	组织挑战 …………………………………………	106
	5.2.3	人才挑战 …………………………………………	107
	5.2.4	安全挑战 …………………………………………	107
	5.2.5	政策挑战 …………………………………………	108
5.3	专精特新企业数字化转型的重要影响因素与作用机制 ……	108
5.4	专精特新企业数字化转型中的组织变革 ………………………	111
	5.4.1	企业数字化转型概述 …………………………………	111
	5.4.2	企业数字化转型中的组织变革 ………………………	112
5.5	专精特新企业数字化创新生态系统 ……………………………	114
	5.5.1	技术赋能 …………………………………………	115
	5.5.2	平台赋能 …………………………………………	117
	5.5.3	生态赋能 …………………………………………	118
5.6	本章小结 ……………………………………………………	120

第6章　专精特新企业发展优势重塑

6.1	专精特新企业竞争优势 ………………………………………	122
	6.1.1	政策优势 …………………………………………	122
	6.1.2	创新和技术优势 …………………………………	124
	6.1.3	人才优势 …………………………………………	125
	6.1.4	品牌优势 …………………………………………	126
6.2	专精特新企业可持续发展 ……………………………………	127
	6.2.1	专精特新企业可持续发展困境 ………………………	127
	6.2.2	专精特新企业可持续发展出路 ………………………	130
6.3	企业数字化转型与绿色创新 …………………………………	133
	6.3.1	企业绿色创新 ……………………………………	133
	6.3.2	数字化转型赋能企业绿色创新发展 ………………	134

6.3.3　专精特新企业绿色创新的提升路径 ·················· 138
6.4　本章小结 ·· 139

第7章　专精特新企业高质量发展

7.1　强化专精特新企业发展服务和政策支持 ·················· 141
7.2　专精特新企业多方位发挥补链强链作用 ·················· 148
7.3　培育新动能和提升新势能 ································· 154
7.4　专精特新企业数字化转型升级路径选择 ·················· 157
7.5　数字化转型赋能专精特新企业绿色创新发展与高质量发展 ·· 159
7.6　本章小结 ·· 165

第8章　研究结论与展望

8.1　研究结论 ·· 167
8.2　专精特新企业发展研究展望 ······························· 169
　　8.2.1　专精特新企业未来发展方向概览 ···················· 169
　　8.2.2　数字化转型的新趋势和影响 ························· 171
　　8.2.3　绿色创新与可持续发展前景 ························· 173
　　8.2.4　产业协同创新与国际化拓展前景 ···················· 174

参考文献 ·· 176

第1章

绪　论

1.1　研究背景

党的二十大报告指出,要"支持中小微企业发展""支持专精特新企业发展,推动制造业高端化、智能化、绿色化发展"。中小微企业是国民经济中的重要主体,其发展关乎稳定经济增速、提升经济活跃度、保障生产体系完整和稳定就业(朱武祥等,2020)。专精特新企业是中小企业中的佼佼者,"专精特新"是国家为激励中小企业参与技术升级、产业转型、价值链打造而给予细分领域具有独特贡献力与竞争力企业的特别评定(朱小艳,2023)。专精特新企业具有专业化、精细化、特色化和新颖化等特点,对我国经济的发展和中小企业的转型升级具有重要的推动作用。专精特新企业通常在技术、产品或服务方面具有创新性,其通过不断研发和引进新技术、新产品和新服务来推动中小企业创新能力的提升。该类企业往往致力于开拓新兴市场或注重填补市场空白,通过提供独特的产品或服务,满足消费者的新需求,打破传统产业格局,推动市场的发展和壮大。此外,专精特新企业在供应链和价值链中扮演着重要的角色,它们与中小企业之间存在着紧密的合作关系,通过协同效应,实现资源共享、风险分担和利益共赢。专精特新企业的发展促进了产业链的协调和优化,提高了整个产业的竞争力和发展水平。

专精特新企业通常需要大量的初始投资以进行研发、技术引进、市场推广等,该类企业的特性及其在市场成长过程中选择的方向和目标往往使其面临融资难的困扰。由此,融资难可能限制专精特新企业的创新能力和研发投入，从而限制其技术进步和产品优化速度，导致企业在技术竞争中处于劣势，限制企业的发展步伐，影响其发展的可持续性。专精特新企业往往以技术创新为核心，但将创新成果转化为商业成功并非易事。在推广过程中，专精特新企业面临市场接受度存在不确定性、商业模式的验证和落地存在困难等问题。此外，法律法规、知识产权保护等方面的不完善也制约了创新成果的转化和商业化。由于在研发阶段获取的创新成果转化困难，无法得到有效的应用和商业化，导致技术资源的闲置和浪费，企业投入的研发成本可能无法得到充分回报，限制了企业创新能力的发挥，使其无法实现可持续性发展。通过将创新成果进行有效转化，企业能够开拓新市场，推出差异化产品和服务，获得竞争优势；另外，通过促进企业创新能力和生产效率的提升，可以推动相关产业链的发展和优化，带动就业增加，提高劳动生产率，并为经济增长提供新的动力。

我国的专精特新企业获得了显著的发展，主要得益于政府对创新创业的支持和推动及市场需求的不断增长。政府积极推动创新创业，例如，设立创新创业示范基地、科技企业孵化器、风险投资基金等，为专精特新企业提供良好的政策环境和支持措施。专精特新企业的发展以科技创新为驱动，尤其是在人工智能、大数据、物联网、新材料以及生物技术等领域中，涌现出许多具有创新能力和核心技术的企业，推动了中国的科技创新和产业升级。由于专精特新企业发展的特性和产业特点，该类企业能够利用数字技术和创新方法来改变企业的运营模式、业务流程和价值创造方式，以提高企业的竞争力、创新能力和业务效率。专精特新企业往往以创新为核心，具有更强的创新文化和创业精神，从而使得该类企业更加开放和愿意接受新的技术和数字化工具。专精特新企业在初始阶段就积极运用技术和数字工具，重视数据的收集和分析，注重数据驱动的决策和精细化的管理。在数字化转型过程中，专精特新企业能够更好地通过数据分析来了解市场趋势、客户需求和业务绩效，从而做出更加科学的决策。

数字化转型概念的提出可以追溯到20世纪末到21世纪初的信息技术革

命和互联网的兴起。随着数字技术的迅速发展和普及，企业开始意识到数字化转型对业务的重要性。数字化转型通过赋能创新和增量创新实现推动企业业务融合升级的目标：一是驱动组织与管理升级，驱动企业内部流程、决策、组织设计等工作，使绩效管理更科学高效；二是提升业务效率，通过驱动端到端的业务环节运作效率提升，加速融合与协作；三是创造新产品与新价值，通过提供更多可能的新赛道，有效降低试错和更新换代的成本，加速新业务的孵化。

数字化转型被认为是应对市场竞争和技术变革的关键策略，能够帮助企业提高效率、创新业务模式、提供个性化的客户体验等。具体来说，一些早期的数字化转型实践可以追溯到 2000 年左右，当时企业开始将互联网和电子商务引入运营中。随着移动互联网、大数据、云计算、人工智能和物联网等技术的发展，数字化转型的概念逐渐扩展，并涉及更多的领域和层面。目前，数字化转型已成为企业发展和竞争的重要议题，并受到政府、学术界和企业界的广泛关注和支持。越来越多的组织意识到数字化转型是一个长期而复杂的过程，需要整体战略规划和持续的创新，以适应不断变化的市场环境和技术发展。在过去十年中，人们对数字化转型进行了许多研究。然而，大多数研究都针对与大型企业、制造商、工业和数据分析相关的领域（Hausberg 等，2019；Ghobakhloo 和 Ching，2019），很少有人对中小企业的数字化转型进行研究（Kutzner 等，2018）。中小企业由于资源有限、能力不足，其数字创新壁垒高于大型企业（Ramilo 和 Embi，2014）。因此，有必要对中小企业的数字化转型进行研究，以填补学术空白。

随着信息技术的迅猛发展，尤其是互联网、移动互联网、云计算、大数据、人工智能和物联网等技术的兴起，政府和企业开始意识到这些技术的巨大潜力和应用前景。特别是全球化和数字化浪潮使企业面临更加激烈的国际竞争，为了保持竞争力，企业需要通过数字化转型来提高效率，降低成本，创新产品和服务，从而满足不断变化的市场需求。企业信息化经历了以单机版系统为主的电子化时代、业务流程信息化时代、数字化转型时代以及业务决策智能化时代。其中，数字化转型时代的核心是企业打通了与用户之间的生态，不仅有效地连接了客户，还连接了生产制造相关的后端设备。2006年，我国在《国家中长期科学和技术发展规划纲要（2006—2020年）》中提出信息化和数字化建设的要求，推动信息技术在各个领域的应用和创新。2016年，在《国家信息化发展战略纲要》中明确加快信息化建设和数字化转型的目标和任务，并鼓励企业提升自主创新能力，推动信息技术在经济社会发展中的广泛应用。2023年，中共中央、国务院印发《数字中国建设整体布局规划》，提出加快数字化转型，推动数字技术和实体经济深度融合。

数字化转型是一个融合通用方法论、先进技术、最佳实践以及自我验证的全面过程，完全拷贝别人的经验是行不通、做不好的。首先应从所处行业、企业自身经营状况、IT现状、人员现状、企业战略等多维度进行分析，给企业自身打造一个数字化的画像，然后结合数字化转型方法论和最佳实践来确定企业未来的目标。企业顺利开展数字化运营需要做的就是"以消费者为中心""以数据为驱动""全链路整合服务"。数字化转型已经成为大势所趋，是企业生存与发展的必然方向。专精特新企业作为中小企业的排头兵，是构建新发展格局、推动经济高质量发展的重要基础。但中小企业生命力脆弱、竞争力不强，许多经营困难阻碍着中小企业的良性发展（林毅夫和李永军，2001），如何提升中小企业的生命力一直是理论界和实务界关注的热点问题之一。实现数字化转型，首先要从理念上做出改变，需要从以前单纯的"用数据"的理念向今天的"采数据、集数据、通数据、用数据"的理念转变。举个例子，过去很多企业都开发了CRM系统、销售系统，但是不同系统的数据无法共享，同一用户在不同的系统里有不同的数据描述，因此数据孤岛问题非常严重。在CRM系统中，服务客户可能只需要关注该用户的基本信息；在销售系统里，只需要关注该用户的订单信息。这样，一个客户的信息被硬生生切割开来，企业也无法完整地描述一个用户的真实特性，因为每个系统里只有这个用户的一小部分特征数据。因此，越来越多的企业在看到新兴互联网公司通过挖掘和应用数据，用"数据思维"经营企业的成果后，纷纷启动自身的数字化转型战略。

专精特新企业是中小企业中具有专业化生产技术或工艺，并具有精细化管理特点，能生产特色和创新型产品的企业（林江，2021）。在构建新发展格局的背景下，国家强调要培育一批专精特新企业，开展补链强链专项行动，加快解决"卡脖子"难题。因此，培育专精特新企业既是促进中小企业高质量发展的重要举措，又能发挥其补链强链固链作用，使之成为新发展格局的关键稳定器和创新型国家建设的生力军（董志勇和李成明，2021）。以大数据为基础，专精特新企业数字化转型（Digital Transformation，DT）已经成为新时代竞争的核心要素，重塑优势推动新发展是需要深入研究的重大课题。基于此，本书将全面审视中小企业"专精特新"高质量发展，从技术赋能、平台赋能和生态赋能三个维度分析中小企业的数字化转型，并以专精特新企业数字化转型的视角重塑企业新发展优势，实现企业的提质增效与绿色创新发展。

1.2 研究意义

中小企业是推动我国经济增长、激发经济活力的重要力量，促进中小企业发展是我国实现高质量发展的重要任务。具有专业化、精细化、特色化和新颖化特征的专精特新企业，聚焦自身专业化生产，不断深入拓展自我优势，掌握核心技术优势，持续关注创新和核心竞争能力，在我国经济市场中占据重要地位，目前成为我国企业高质量发展的重要排头兵（罗来军和朱倍其，2023）。通过数字化转型，推动企业创新、提升竞争力和适应未来发展，已经成为专精特新企业发展的趋势。全球化进程的不断加快使得市场竞争越来越激烈，数字化技术的使用成为企业提升市场竞争力、维持市场份额的关键因素。因此，研究专精特新企业数字化转型对于经济和社会的发展具有重要的意义。

1.2.1 理论意义

研究专精特新企业数字化转型有助于推动学术研究的深入和拓展，为政府决策提供科学依据，增进对数字经济发展的认识，同时为数字化转型领域的学术发展和实践应用带来新的启示。Teece等（1997）认为动态能力是企业为应对环境不确定性，整合、重组和再配置内外资源的能力。根据动态能力理论，企业可以通过利用组织资源、IT技术资源以及管理资源等获取竞争优势。因此，本书基于动态能力理论展开研究。专精特新企业具有专业、精益求精、独特以及创新的特征，数字化转型使企业能够更灵活地调整战略方向和资源配置，以应对市场变化。这与动态能力理论中强调的战略弹性密切相关。本研究有助于弥补专精特新企业领域的研究空白，进一步完善相关的理论体系。通过采用理论分析法对专精特新企业数字化转型进行研究，这有助于推动该领域的研究进展，为后续专精特新企业相关研究做好铺垫。本研究突破原有传统观念，实现创新，对专精特新企业可持续发展以及企业如何更好地实现数字化转型等方面的研究具有借鉴作用。

（1）研究专精特新企业数字化转型，有助于引导企业数字化转型进程符合人类的最高理想和价值观。党的十九大报告中明确提出坚持"坚持推动构建人类命运共同体"。可持续发展理念日益成为全球政治共识，在世界政治舞台广受关注（非凡，2020）。专精特新企业通过开展数字化转型，可以提高中小企业对资源的利用率，有助于实现可持续发展的目标。

（2）研究专精特新企业数字化转型，可以拓展数字化转型理论体系，为相关领域的研究提供理论依据和实践经验。通过该研究，深入探讨和分析我国不同地域、行业的专精特新企业开展数字化转型时面临的共性问题和挑战，进而整理总结出适用于专精特新企业数字化转型和优势塑造的策略和模式，从而拓展数字化转型研究领域的理论体系，丰富该领域中相关学术研究的理论基础，同时通过提供相关案例分析和经验总结，为企业数字化转型研究的进一步发展提供新的视角和思路。

（3）基于动态能力理论和微笑曲线理论开展专精特新企业数字化转型的研究，可以促进企业发挥创新优势，灵活适应不断变化的市场，提高自身竞争力，实现高质量发展和经济规模的可持续增长。根据专精特新企业的自身优势，本书基于动态能力理论和微笑曲线理论展开研究。其一，动态能力理论中强调的企业创新和维持长期竞争优势，以及高效资源整合能力，帮助专精特新企业在数字化转型过程中打破局限，使用长远目光看待发展，同时合理进行企业内部的资源整合，实现数字化战略的有效执行。其二，微笑曲线理论强调变革的生命周期，能够帮助企业确定数字化转型阶段的起始和结束，有效规避数字化转型中不可预测的风险变化。

1.2.2 现实意义

研究专精特新企业数字化转型有助于企业加强在全球化市场竞争中的优势地位，促进我国专精特新企业的可持续发展和整体经济的繁荣。该研究对于专精特新企业未来持续的科学治理、规模和模式的健康发展等方面都有着重要的意义。专精特新企业作为中小企业的排头兵，是构建新发展格局、推动经济高质量发展的重要基础。相较于德国的隐形冠军企业，我国专精特新企业的发展起步较晚，加之数字技术迅猛发展对市场竞争的巨大影响，专精特新企业在发展过程中存在各种各样的问题，在可持续发展以及国际市场扩大等方面面临着更多的挑战。通过对宏观国内外大环境现状的分析以及微观中小企业发展现状的探讨，企业可以规避现有的弊端，并持续扩大和发扬专精特新企业的优势。专精特新企业顺利开展数字化转型，可以有效提升创新能力，从而提高自身竞争力，推动发展，对中国经济发展起到关键性作用（辛琳和边婉婷，2024）。结合数字技术积极开展数字化转型，可以促进专精特新企业高质量发展，推动我国产业链供应链的不断完善，帮助企业保持自身竞争力，在激烈的市场竞争中占据优势地位。

（1）加快促进专精特新企业数字化转型的相关政策的制定，为专精特新企业实现数字化转型、高质量发展提供强有力的制度保障。对该领域的关注和研究有助于研究热点的产生，从而吸引更多的关注和支持。专精特新企业数字化转型与相关国家政策制定之间存在互相促进的作用。一方面，专精特新企业积极开展数字化转型，产生更加完善的数据和信息，帮助政府更好地了解经济产业现状，大量数据和信息传输引起的数据安全问题促进政府完善相关政策，确保数据使用的安全性和合法性，该过程中伴随的创新和研发有利于政府了解创新的关键领域和潜在机会；另一方面，政府对专精特新企业数字化转型的重视和有利政策的颁布，能够促进专精特新企业积极开展数字化转型。

（2）促进专精特新企业结合自身情况学习数字化转型，强化优势，促进企业可持续发展。企业开展数字化转型并不是简单的数据资料的数字化，更多的是借助前沿性数字技术与可靠的硬件系统推动企业生产资料与生产过程的数字化，从而得到提质增效的效果（吴非等，2021）。数字化技术打破了地域和国界限制，带来了全球化的市场机遇。数字化技术的应用为企业提供了更多的商业机会和创新可能性，推动新产品和服务的研发和推广，为经济增长注入新的动力，从而使得企业提升生产力和效率，实现资源优化配置，降低成本。通过数字化手段，专精特新企业能够拓展国际市场，与国际企业进行合作与交流，加速本地产业融入全球价值链，提高产品和服务的国际市场竞争力。

（3）专精特新企业积极开展数字化转型有助于改善社会福祉。数字化转型本质上是利用数据的高效流动来改善企业自身技术、资金、人才等关键要素的配置，从而有效缓解环境不确定性对企业的冲击，推动企业可持续发展。数字化技术的广泛应用促进了社会服务的便捷化和智能化，改善了人们的日常生活。另外，专精特新企业通过数字化转型，可以实现资源的合理利用，提高资源利用率，减少浪费，从而对环境产生积极影响，实现绿色生产，为未来的可持续发展奠定坚实基础。

1.2.3 实践意义

根据2023全国专精特新中小企业发展大会的数据，截至2023年7月，我国已累计培育专精特新"小巨人"企业1.2万余家，专精特新中小企业超9.8万家，创新型中小企业达21.5万家，优质中小企业梯度培育工作取得积极成效。工业和信息化部部长金壮龙提到要"深入实施数字化赋能、科技成果赋智、质量标准品牌赋值中小企业'三赋'专项行动，引导资本、人才等创新要素向专精特新企业集聚，支持企业加快数字化转型，在制造业强链补链中发挥更大作用"。为了实现这一目标，专精特新企业需要紧跟时代发展，积极开展数字化转型，创新拓展新产品，提升服务质量，提高客户黏度。同时，承担企业社会责任，践行低碳经营，实现可持续发展；高效整合企业资源，包括供应链、人力资源和资本；有效培训数字化赋能下的员工，提升企业整体能力；从生产效率、成本控制、产品研发、服务质量等角度全面提高企业能力，保持自身核心竞争力，实现市场竞争优势，占据有利市场地位。

信息化的迅速发展给市场中的企业带来了许多的未知挑战，研究专精特新企业数字化转型可以帮助企业适应市场和技术发展趋势，在时代洪流中稳步发展。信息时代和大数据时代的到来推动全球市场的联系愈加密切，专精特新企业走出国门，开拓国际市场，有必要通过数字化转型了解国际竞争对手的策略和最佳实践，从而占据在国际竞争中的有利地位。专精特新企业进行数字化转型，尤其是在底层数字技术方面的投入和实践应用，不仅有助于提升企业创新绩效，而且有助于提升企业创新效率（辛琳和边婉婷，2024）。数字化转型可以提升企业的运营效率，拓展市场和客户群体，优化资源配置，促进产业升级，并为可持续发展打下坚实基础。同时，数字化转型也有助于改善居民生活，提供更便捷的社会服务。

1.3 国内外研究现状

1.3.1 国外研究现状

企业数字化转型是指通过信息、计算、通信和连接技术组合，触发实体属性的重大变化，从而改进实体的过程（Vial，2019）。国外学术界对于专精特新企业数字化转型领域有较高的研究兴趣，许多发达国家和国际组织也关注和推动数字化转型的实践和研究，致力于推动专精特新企业更好地实现数字化转型，促进企业发展，助推经济增长。

（1）数字经济发展和数字技术。每个国家都有自己对本国领域内中小企业的定义标准，由此反映其各自的经济特点（OECD/ERIA，2018）。虽然建立一个适用于全球范围的中小企业定义具有挑战性（Scheers，2011），但根据员工数量、营业额、资产或这些标准的组合对中小企业进行分类在全球范围内是可以接受的。中小企业为许多国家的国民经济做出了贡献，并在许多情况下成为国家经济的支柱（SMEA MOEA，2020）。中小企业通过创造就业机会（Ayyagari 等，2014；Gomes 和 Wojahn，2017；Muller 等，2014）、增加国内生产总值（GDP）以及发展和维持国民经济来参与国民经济（Karadag，2016；Li 等，2012）。数字化转型是一种"系统方法"，"高度复杂"，是"全公司范围的努力"，是以创新的方式实施数字技术（Hess 等，2016），可以从根本上塑造公司及其运营（Matt 等，2015）。数字化转型的重点是通过采用数字技术作为杠杆，提高组织业务职能之间的协同，从而产生产品、服务和商业模式的改进（Hess 等，2016）。数字化转型的驱动因素是指使组织能够并影响其业务采用数字化转型的因素（Morakanyane 等，2017）。根据 Wade 的报告，移动工具和应用程序、社交媒体、物联网（IoT）、分析工具和应用程序、通信和共享数据平台以及协作应用程序等技术在数字化转型中发挥着重要作用。因此，数字技术被认为是数字化转型的主要驱动力之一。相反，有研究认为仅仅应用数字技术不足以推动数字化转型。企业必须具备足够的数字化能力、数字化战略、数字化文化和数字化人才，以确保数字化转型的成功。先前的研究已经确定了小企业采用数字技术的几个障碍：技术障碍、监管障碍、数据障碍、组织障碍、文化和管理障碍、经济和金融障碍以及市场障碍（GIRI，2019）。

（2）企业创新与竞争力。随着大数据等数字技术的发展，如何帮助企业在产品创新中提高用户的敏捷性和用户采纳，构建与用户的创新生态等热点话题受到广泛关注（Zhan 等，2017）。为了引导企业增加创新资源的交互性、流动性和资源密度，促进创新体系的迭代演化，提高产品创新系统的运作效率（Urbinati 等，2019），数字化转型显得尤为重要。数字化转型被认为是推动企业创新和提高竞争力的重要因素。另外，数字化转型的价值有改进组织流程、增强客户价值主张、降低产品和服务成本、实现突破性创新及竞争优势等（Hanelt 等，2021）。研究数字化转型如何促进企业的创新，包括技术创新、商业模式创新和产品创新等，以在全球市场竞争中取得优势。通过重塑公司愿景和战略、组织结构及流程，实现业务的数字化转型，以适应不断发展的数字化业务环境，这不断改变着公司本身，也重新定义了市场和行业。因此，一个组织要想更好地发展，其沿用的发展框架必须包含六个维度：公司的战略愿景、愿景与数字化转型投资的一致性、创新文化的适宜性、拥有足够的知识产权资产和专有技术、数字化能力（人才）的优势及数字化技术的有效使用（Vijay 和 Debor，2019）。数字化转型还可以被视作提高业务绩效的机遇，如增强盈利能力和实现新的收入增长、提升客户满意度、提高运营效率、确保便利性和高质量的技术标准、增强业务敏捷性、提升员工生产力和增强竞争优势（Ezeokoli 等，2016）。尽管数字化转型对企业绩效、生产力和增长产生了积极影响，但许多障碍可能会阻碍中小企业采用和实施数字技术。对于不同的行业、企业规模、企业文化、市场竞争水平、国家、商业环境等，这些障碍会有很大的不同（Parida 等，2010）。

（3）社会和环境影响。随着大数据、云计算、物联网、人工智能、区块链等信息技术的发展与应用，我国数字经济发展迅速，数字化进程不断加快，给经济和社会带来了颠覆性变化。数字技术、数字创新和数字化正在从根本上改变业务流程、产品、服务和关系，并推动企业改变经营方式和员工心态，迫使企业为生存而进行重组（Karimi 和 Walter，2015）。数字化转型可以为组织带来诸多好处，包括改进组织流程、增强客户价值主张、降低产品和服务成本、实现突破性创新及竞争优势等（Hanelt 等，2021）。数字化转型已经成为研究人员的一个重要研究方向（Reis，2018）。许多政府意识到中小企业的重要性和活力，在国家经济计划中提供了具体的发展方案、资金安排、政策和咨询，以支持中小企业的成长，帮助中小企业获得竞争优势（Eniola 和 Entebang，2015）。资源有限、能力不足的中小企业可以通过第三方数字平台服务完成数字化转型（Li 等，2017）。研究建议中小企业通过向其他合作伙伴学习来提高自己的能力（Lin 等，2020）。政府在制定政策、项目和规则方面发挥作用，帮助中小企业解决资源有限和能力不足的问题（Eniola 和 Entebang，2015；Kraja 等，2014；Thomas，2011；Park 等，2020）。

1.3.2　国内研究现状

中小企业在社会经济发展中发挥着"毛细血管"的作用，承担着扩大就业、改善民生等重要职责。为提升中小企业竞争力，国家要求积极培育专精特新企业，引导中小企业专注细分市场，注重技术创新，不断扩大市场占有份额，推动新发展格局的形成。企业在生产管理中深度应用互联网、大数据、人工智能等一系列先进技术，数字化的应用对企业高质量发展起到明显的推动作用，但中小企业由于理念和设备基础的薄弱，其数字化转型步伐较为缓慢（林昕和王若其，2023）。数字化转型已成为学术界和产业界关注的热点内容之一。国内许多研究机构和学者致力于研究专精特新企业在数字化转型中面临的问题和挑战，以及数字化转型对企业发展和经济增长的影响。

（1）数字技术应用。随着时代发展而兴起的数字技术并不是新生事物，而是属于科技创新的范畴，但这种创新并不仅仅是技术的创新，更是一种思维的创新。数字技术带来的创新为社会中的各行各业都带来了新的变化，而跨界思维非常重要，即某一行业的经营决策往往需要考虑其他行业的发展现状和趋势，数字技术的延展和应用有利于传统思维方式的转变（葛和平和陆岷峰，2021）。有许多中小企业领域的学者开始探索研究如何将人工智能、大数据、物联网等数字技术应用于专精特新企业，提升企业的运营效率和产品质量，开发新产品和服务，实现数字化生产和管理。王婷婷（2021）认为，数字技术使产业更加细化。众多科技型中小企业掌握细分领域中的某些核心技术，为大型企业提供技术或者产品服务，使得产业更加细分化。只要掌握产业中的某个技术要点就可以在市场中获得一席之地，并且能够很好地生存和发展，因此也更加有利于行业或者产业的精细化管理，从而推动行业或者产业的发展，最终促进实体经济发展。数字经济是我国社会经济发展到特殊历史阶段的一种新型特殊形式，数字技术的发展帮助企业提高经营效率，降低经营成本。利用大数据技术，企业可以对历史数据进行研究，形成趋势化运动图，从而判断出未来的发展走向，这种决策是一种更加科学化的企业经营决策（陆岷峰，2021）。数字技术在中小微企业管理中的应用是全方位、多层面的，例如中小微企业的内部管理、生态管理都必须充分运用数字技术才能取得更好的效果（徐阳洋，2021）。

（2）企业战略与组织模式。大数据和人工智能等数字形态的根本性变革为企业产品的更新迭代提供了条件和可能，以满足不断变化的市场中消费者的各类需求（肖静华等，2020）。相较于大型企业，中小企业实施数字化转型是困难的。数字化转型是一项复杂的系统工程，具有较高的成本和较长的周期，而中小企业缺乏丰富的资金和人才，面临着较高的转型风险，缺乏足够的转型动力，从而逐渐拉大"数字鸿沟"，对企业生产效率及宏观经济活力造成严重影响（林昕和王若其，2023；张夏恒，2020）。围绕数字化转型，部分学者探讨了数字化转型的驱动要素、路径、价值等方面的内容，同时研究数字化转型对企业战略的影响，包括业务模式创新、市场拓展、品牌建设等。通过研究企业在数字化转型过程中如何调整战略和创新商业模式,可以更有效地利用数字技术开发新的商业模式,以适应市场变化和满足客户需求。数字化转型不仅仅是技术层面的变革,还涉及企业组织结构和文化的调整。当前研究一般认为,资金、技术、人才、数据等要素,以及经营者理念、外部支持如政府政策、数字平台、服务机构等,是影响中小企业数字化转型的重要因素。部分学者从多重因素角度出发进行研究,认为中小企业数字化转型成功不是由单一因素驱动的,而是外部多重因素联合互动的结果(张新等,2022)。基础薄弱、竞争压力大、存在技术障碍(刘涛和张夏恒,2021)、数字化应用质量低、企业间数字化协同弱(周适,2022)等是影响中小企业数字化转型的多元因素。另外,有部分研究专注于单个数字化转型驱动因素的角度,发现数据要素缺失造成的"数字鸿沟"(董志勇,2021)、政府参与意愿程度(杨磊等,2022)、云计算等数字技术使用(邓晰隆和易加斌,2020)、数字平台支持等因素在中小企业数字化转型过程中具有显著的影响。

(3)政策和环境。"专精特新"是中国经济领域的热词之一,"专精特新"概念于2011年被首次提出,于2022年首次被写入《政府工作报告》。自提出至今,中央部委相关政策出台的频率、密度和力度不断增强,推动中小微企业向专精特新方向发展已经提升至国家战略层面(李红莲,2022)。大数据、云计算、人工智能、区块链等底层数字技术的应用会加剧企业间在价值供给上的竞争,对企业而言也是一种挑战(戚聿东和肖旭,2020)。新一代数字技术不仅从宏观层面推动我国经济发展,成为刺激经济发展的新引擎,而且从微观层面推动企业数字化转型,为企业和我国经济高质量发展创造新契机(张夏恒,2020)。企业是经济增长的基础,没有企业的转型升级,就无法带来经济发展方式的实质性转变(肖旭和戚聿东,2019)。数字化转型是企业继续生存并与时代保持同步的必由之路(陈春花,2019)。数字化为我国实体企业转型升级提供了动力和技术支持(何帆和刘红霞,2019),并推动我国中小企业在价值链上攀升(裘莹和郭周明,2019)。

1.4 研究方法和研究内容

1.4.1 研究方法

本书基于管理学、法学、哲学、工学、经济学以及社会学等多学科已有的研究成果，综合运用多种研究方法，如文献研究法、理论研究法、系统论方法、比较研究法以及规范分析法，研究专精特新企业开展数字化转型的战略意义、时代背景、优势所在，并探讨如何实现专精特新企业的高质量发展。具体方法如下。

（1）文献研究法。文献研究法是通过对研究领域的相关文献进行收集和梳理，对该研究领域内学者"已经研究了什么？""得出了什么样的研究结论？""存在什么样的研究空白？"进行判断，并在此基础上开展研究。本书首先对专精特新企业、隐形冠军企业、"小巨人"企业、动态能力理论、微笑曲线理论进行梳理和归纳，并回顾专精特新企业及企业数字化转型等方面的国内外研究现状。在此基础上，本书旨在确定专精特新企业在数字化转型中的优势所在，并探讨如何通过转型促进企业的高质量发展等主题。

（2）理论研究法。本书基于动态能力理论和微笑曲线理论，对专精特新企业数字化转型问题进行研究。通过理论基础和实践研究的结合，深层次挖掘专精特新企业数字化转型过程中的优势所在、转型的必要性以及数字化转型对宏观国家、微观企业的促进作用。

（3）系统论方法。任何一种制度都处在一个社会系统中，其演变发展是多种因素共同作用的结果，因此，必须运用系统论的方法，多层次、全方位地进行研究，才不至于有所偏颇和顾此失彼。本书从理论概念出发，首先，探讨专精特新企业开展数字化转型的战略意义；其次，宏观考虑开展数字化转型的时代背景，微观考虑专精特新企业的现状、开展数字化转型的挑战以及组织变革；在此基础上，探讨专精特新企业的竞争优势，如何实现可持续发展和绿色创新；最后，探讨专精特新企业的高质量发展的对策，以此形成闭环，完成对专精特新企业数字化转型的整体研究。

（4）跨学科的综合法。数字化是一个较为复杂的进程，不仅在管理学中有相关融合应用，在哲学、经济学、社会学等多种学科中也有相关研究，不同领域的学者对该问题开展了不同层次的研究，得出了一系列具有价值和意义的结论。本书虽然聚焦于管理学，但广泛吸收和借鉴了法学、哲学、经济学以及社会学等其他学科的研究成果。

（5）比较研究法。横向来看，不同国家具有不同的文化、制度、观点以及市场环境，因此中小企业发展的侧重点不同，本研究通过对比分析专精特新企业、隐形冠军企业以及"小巨人"企业等概念，分析三种企业的异同，寻找不同企业各自存在的优劣势，以取其精华，发扬我国专精特新企业的优势。纵向来看，专精特新企业具有"船小好掉头"的优势，因此相比我国大型企业，面对数字化潮流的冲击，专精特新企业更容易接受新的事物，从而进入新一轮的市场竞争；同时，受到规模和资金的限制，专精特新企业在开展数字化转型的过程中也面临众多挑战。

（6）规范分析法。规范分析法是学术研究的基本方法之一，该研究方法强调制度选择的价值偏好，论证制度应该是一种什么样的设计和安排，从而给现有制度的完善和创新提出新的目标和方向。本书通过对相关领域内的经典和最新文献进行梳理，为本书的研究提供前期以及整体的指引，然后在前人研究的基础上延伸"树杈"，使专精特新企业的相关研究得到进一步拓展，从而为后人的延伸研究提供基础和指引。

1.4.2 研究内容

本书以专精特新企业为研究对象，探讨专精特新企业进行数字化转型的优势，数字化转型如何赋能专精特新企业高质量发展。本书基于动态能力理论和微笑曲线理论，从宏观国家政策和微观企业发展现状出发，探讨专精特新企业发展的重要战略意义；通过分析复杂的时代背景，总结专精特新企业高质量发展的优势所在以及进行数字化转型的价值。本书研究致力于推动专精特新企业高质量发展，从而带动相关产业链的转型升级，推动科技进步和知识产权的增值，同时促进人力资源的优化配置，以此推动新产品和新服务的市场化，提高国内生产总值和增加经济活力。本书共分为八章，具体内容如下。

第1章为绪论，概述全书内容，介绍了专精特新企业数字化转型的研究背景、研究意义、国内外研究现状、研究内容与研究方法。随着云计算、大数据、物联网等数字技术的飞速发展，其在促进企业发展的同时加剧了市场竞争，数字化转型被认为是企业提高效率、创新产品和服务、拓展市场份额的关键手段之一，许多国家的政府意识到企业数字化转型的重要性，并出台了一系列政策和计划来鼓励和支持企业进行数字化转型。中小企业是解决我国就业问题的重要支柱之一，不仅提供就业机会，还推动产业的发展，促进区域经济的繁荣。而专精特新企业通常是创新的驱动者，能够推动新产品和技术的市场化，为市场带来新的机遇。专精特新企业的特点使其在国际市场上具备一定的竞争力，通过出口和国际合作，有助于提升中国的国际声誉和竞争力。中小企业是科技创新的重要力量，专精特新企业作为我国科技自立自强的排头兵，已成为高质量发展的重要动力源、新发展格局的关键稳定器和创新型国家建设的生力军（董志勇和李成明，2021）。因此，研究专精特新企业的数字化转型具有理论意义、现实意义以及实践意义。

第2章从理论角度出发展开叙述，主要介绍了专精特新企业、隐形冠军企业以及专精特新"小巨人"企业、数字化转型等基本内容，同时介绍了动态能力理论和微笑曲线理论。"隐形冠军"（Hidden Champions）是德国管理学家赫尔曼·西蒙（Hermann Simon）于1986年首次提出的概念，用来描述在国际市场上相对低调，但在特定领域或市场中非常成功的中小型企业。"专精特新"概念于2011年被首次提出，《"十二五"中小企业成长规划》中也提出将"专精特新"作为中小企业转型升级的重要途径，随后在国家和省市层面出台若干配套措施,"专精特新"受到了越来越多的关注和重视。动态能力理论（Dynamic Capabilities Theory）由 David Teece 于 1997 年首次提出,是战略管理领域的一个重要理论框架,用于解释企业如何在快速变化的市场环境中获取竞争优势。该理论强调企业应该具备不断塑造自己的资源和能力,以适应外部环境的变化,捕捉机会并应对威胁。专精特新企业具有专业、精益求精、独特以及创新的特征,数字化转型使企业能够更灵活地调整战略方向和资源配置,以应对市场变化。这与动态能力理论中强调的战略弹性密切相关。

第 3 章分析探讨专精特新企业发展的重要性,主要从专精特新企业发展政策支持、战略意义和发展现状三个角度展开,并揭示出专精特新企业对促进社会经济增长、推动产业升级、促进就业创新和推动社会稳定具有重要战略意义。自 2011 年"专精特新"概念被提出,截至 2022 年 6 月,大约有 36 个支持引导专精特新企业发展的国家政策,国家对专精特新企业的高度关注为专精特新企业的快速发展提供了强有力的保障。通过认识和了解专精特新企业的发展现状,可以识别出这些企业在发展中面临的资源短缺、资金不足等挑战。此外,通过对现状的深入分析,能够揭示市场机会,从而促进企业的可持续发展和创新。实现专精特新企业的高质量发展对于国家、产业和社会都具有重要意义。一方面,专精特新企业是经济增长的重要引擎,它们的高质量发展可以创造更多的就业机会,增加国内生产总值（GDP）,促进社会经济的发展；另一方面,专精特新企业通常是创新的领导者,它们的高质量发展将鼓励技术创新、产品创新和服务创新,从而推动整个产业链的进步。实现专精特新企业高质量发展有助于创造更多的就业机会,推动创新和产业升级,改善消费者生活质量,同时也有助于可持续发展和国家安全。由此,本书提出培养创新型人才依然是专精特新企业成长和发展的重中之重。另外,对于专精特新企业来说,创新是其成长和发展的核心驱动力。专精特新企业必须不断加强技术攻关和自身技术创新,同时积极寻找国际合作伙伴,加强合作创新,开拓国际市场,建立稳定的销售渠道,扩大国际业务规模。

第4章分析专精特新企业进行数字化转型的时代背景，了解当前的国内国际双循环新发展格局，结合国家优先发展专精特新企业相关战略，讨论专精特新企业数字化转型的优势所在并分析其如何实现精细化和新颖化。2020年4月，习近平总书记在中央财经委员会第七次会议上首次提出"构建以国内大循环为主体、国内国际双循环相互促进的新发展格局"的概念。同年7月，习近平总书记主持召开企业家座谈会并发表重要讲话，指出要"集中力量办好自己的事，充分发挥国内超大规模市场优势，逐步形成以国内大循环为主体、国内国际双循环相互促进的新发展格局"。强调国内与国际市场循环的相互促进与支撑，旨在推动经济增长的可持续性，这构成了中国在全球化时代调整战略、适应新经济格局的重要部分。中小型企业面临困境、提升我国产业链供应链的韧性需要中小企业的创新以及"专精特新"能够引领中小企业高质量发展。本章进一步研究说明促进专精特新企业高质量发展，实现专精特新企业的优势重塑需要做到优化机制、强化政策支持、优化人才培养以及加快企业数字化转型。结合上文研究，提出通过高效管理制度和流程精细化管理实现"精细化"，通过政策的扶持、抓住数字化转型新方向与注重人才问题实现"新颖化"。

第5章从宏观国家政策、市场环境和微观企业内部变化角度切入，探讨专精特新企业数字化转型的现状、面临的挑战、重要影响因素与作用机制、组织变革问题以及创新生态系统等内容。第一，专精特新企业正积极推动数字化转型，以提高生产效率、降低成本、增强竞争力和拓展市场，并取得了一定的进展，但仍有部分领域需要加强和改进，例如数字化意识、技术研究应用、数据驱动决策以及组织结构和文化的调整。第二，专精特新企业数字化转型面临的挑战包括技术挑战、组织挑战、人才挑战、安全挑战和政策挑战。第三，要成功实现专精特新企业的数字化转型，企业需要关注并把握好重要影响因素，如技术基础设施的建设与优化、数据驱动的决策、创新文化及人才的培养以及敏捷的组织架构等。第四，组织变革是专精特新企业数字化转型中不可或缺的环节。通过重塑组织文化、调整组织结构、强化领导力和激发员工参与，专精特新企业能够更好地适应数字化转型的需求，在竞争中获得优势并实现可持续发展。第五，分别从技术赋能、平台赋能和生态赋能三个角度构建专精特新企业数字化转型创新生态系统。该生态系统为企业提供重要的机遇和平台，能够帮助企业快速响应市场变化，实现加速发展。

第6章在专精特新企业竞争优势的基础上，进一步重塑企业在可持续发展、数字化转型和绿色创新发展道路上的新优势。本章从国家政策支持、创新能力与核心技术、人才招引与培育、品牌打造四个方面论述了专精特新企业相较于其他企业的竞争优势；指出专精特新企业当前面临融资难、数字化积极性不高、创新协同和市场拓展存在风险三大困境，进一步强调政府在这三个方面的引导作用，从而与专精特新企业共同探寻可持续发展新路径。最后，介绍了绿色创新的概念和分类，并探究了数字化转型通过降低企业成本、提高资源配置效率和增强研发能力三个维度赋能专精特新企业绿色创新发展，同时提出相应的措施促进专精特新企业绿色创新的提升。数字化浪潮的到来打破了传统的信息壁垒，能够让企业快速识别到绿色发展机遇，赋能企业绿色创新发展。

第7章聚焦专精特新企业的高质量发展，从强化专精特新企业发展服务和政策支持、发挥专精特新企业补链强链作用、培育新动能和提升新势能、专精特新企业数字化转型升级的路径选择以及专精特新企业绿色创新发展等角度进行阐述。2021年7月30日，中共中央政治局召开会议，强调要开展补链强链专项行动，加快解决"卡脖子"难题，发展专精特新中小企业。习近平总书记在致2022全国专精特新中小企业发展大会的贺信中表示："希望专精特新中小企业聚焦主业，精耕细作，在提升产业链供应链稳定性、推动经济社会发展中发挥更加重要的作用。"本章根据新发展格局，分析如何多方位充分发挥专精特新企业的补链强链作用，加快解决产业链中的"卡脖子"这一具体现实问题。通过分析专精特新企业的培育与发展，提出培育新动能和提升新势能的关键措施，包括创新支持、产业协同、人才培养、资金支持和政策引导五个方面。在此基础上，本章分析专精特新企业数字化转型升级的路径，主要包括评估现状和需求、制定数字化转型战略、寻找合适的数字化解决方案、优化业务流程和管理模式、持续改进和创新等。最后，从企业绿色创造力方面、生产方式方面、营销方面、创新方面分析数字化转型为专精特新企业带来的优势，以推动企业数字化转型，通过数字化赋能企业高质量发展。实施补链强链专项行动，培育专精特新企业，是在我国加快构建新发展格局的大背景下，深化供给侧结构性改革的一项重要内容，也是践行新发展理念的具体行动。专精特新企业数字化转型不仅有助于提高现有业务的效率，还可以培育新动能和提升新势能。通过不断创新和追求数字化领域的机会，专精特新企业可以在竞争激烈的市场中取得长期成功。

第8章主要总结了前文关于专精特新企业数字化转型的发现和结论，并在此基础上提出对专精特新企业发展优势等方面研究的未来展望。本书认为，未来可以从智能时代下的数字化转型、绿色创新下的可持续发展，以及产业协同与国际化发展三个角度对专精特新企业进行深入研究。通过本章的总结与对未来研究的展望，可以为专精特新企业的数字化转型与优势重塑提供一定的理论和实践指导。

由此，期望本书的研究能够帮助中小企业、学者、政府更好地理解专精特新企业的角色定位和机遇挑战，从而提出具有针对性和创新性的发展策略和政策建议，推动专精特新企业在数字化转型、绿色创新和国际化拓展等多方面取得更大的成功。

第 2 章

相关理论基础

优质中小企业可以分为创新型中小企业、专精特新企业和专精特新"小巨人"企业三大类,本章将重点解释专精特新企业、隐形冠军企业和专精特新"小巨人"企业的具体定义和内涵,同时对数字化转型、动态能力理论和微笑曲线理论进行概括性总结。

2.1　专精特新企业

自"专精特新"一词提出以来,各学者对"专精特新"的概念进行了不同的解读,"专精特新"的含义也呈逐步深化的演进过程,但总的来说,其核心概念是基本一致的,即:"专"指专业性、专一性;"精"指精细化、精深化;"特"指特色化、独特性;"新"指创造性、创新性。专精特新企业是指具有专业化、精细化、特色化、新颖化特征的中小企业,是企业中的佼佼者(刘昌年,2015)。近些年来,"专精特新"被各大媒体广泛提及,也逐渐成为资本密切关注的焦点。"专精特新"一词在 2011 年被首次提出。2021 年,中共中央政治局会议提出发展"专精特新"中小企业。

我国建立了多方位、多层次的创新型企业梯次。优质中小企业是指在产品、技术、管理、模式等方面创新能力强、专注细分市场、成长性好的中小企业,由创新型中小企业、专精特新企业和专精特新"小巨人"企业三个层次组成。创新型中小企业具有较高的专业化水平、较强的创新能力和发展潜力，是优质中小企业的基础力量；专精特新企业实现专业化、精细化、特色化发展，创新能力强、质量效益好，是优质中小企业的中坚力量；专精特新"小巨人"企业位于产业基础核心领域、产业链关键环节，创新能力突出、掌握核心技术、细分市场占有率高、质量效益好，是优质中小企业的核心力量。其中，专精特新企业是企业中的优秀者。专精特新企业虽然规模小，却有着各自的专长，其主要专注于产业链上某个环节，聚焦核心主业，因此专精特新企业的创新能力和抗风险能力较强，在产业链和市场竞争中具有一定的优势和地位。

2022年6月，工业和信息化部印发的《优质中小企业梯度培育管理暂行办法》明确指出了专精特新企业的认定条件，以及相应的评价指标。专精特新企业创新能力指标分值占总指标分值的35%，可见创新对于专精特新企业的重要性。该办法明确了专精特新企业发展的基本要求，规范了评价认定工作，有利于不同层次的企业看清标准与差距，明确努力方向，从而引领广大中小企业坚持走专精特新发展道路，实现高质量发展。

作为中小企业发展的领头人，专精特新企业专注于产业链上的某个环节，聚焦核心主业的抗风险能力与研发创新能力，逐渐成为贯彻新时代创新驱动发展战略的重要承载地，为推动产业链、供应链、创新链稳定持续发展打下良好基础，并引导带动相关产业，发挥提高产业链增长绩效的作用，持续为经济增长注入新活力。在经济高质量发展和产业转型升级的大背景下，中小企业能发挥更大的企业价值，肩负起落实党中央三次分配战略的责任，调动全民投资的积极性，带动经济发展，真正成为我国可持续发展决策部署的重要力量。因此，探索专精特新企业发展现状，研究专精特新企业数字化转型路径，并以专精特新企业数字化转型的视角重塑企业新发展优势，破解专精特新企业发展难题，实现企业的提质增效与绿色创新发展，对我国经济发展具有非常重要的意义。

2.2 隐形冠军企业

2.2.1 隐形冠军企业概述

"隐形冠军"的概念最早是由德国管理学家赫尔曼·西蒙（Hermann Simon）于1986年提出的。德国的精密机械、智能制造等高端制造生产在第二次工业革命后处于世界领先地位，且产品大量出口。Simon对德国的出口企业进行分析后发现，德国的出口贸易乃至整体经济的持续发展主要得益于中小企业，尤其是一些在国际市场上处于领先地位却寂寂无名的中小企业。这些企业后来被称为隐形冠军企业。隐形冠军企业的含义包括：

其一，它必须在其产品所在细分市场中占据国际市场份额的领先位置，往往是第一或第二；

其二，它必须是鲜为人知的中小企业；

其三，它应该是社会知名度低的企业。

这些企业都有着国际市场竞争力很强而又不广为人知的独特性，以及实际存在于大部分国家和地区的普遍性。它们有着明确一致的战略逻辑、独特有效的经营模式，并注重自身的经营品质和强调与客户的互动关系（李庆华和李春生，2008）。德国是欧洲经济的火车头，但它没有多少"世界500强"企业，却拥有一大批"狭窄市场"的隐形冠军企业：全球可可豆烤箱市场的70%属于德国Barth公司；全球卷筒纸处理技术市场的80%属于德国Erhardt & Leimer公司；全球印钞机市场的90%属于德国Konig & Bauer公司……这样的德国公司名单可以排出一长串，它们的营业额一般不超过10亿美元，但在各自的领域里都是"世界冠军"，从整体上构筑了德国经济的强大竞争力。这些企业与"世界500强"企业相比具有自身的特点：更稳定、生存能力更强、长期表现更好、全球化程度更高、更有效率、使国家经济更稳定和健康。德国隐形冠军企业的成功并非明星企业创造的市场奇迹，而是来自持久的精神和态度,由创新型、优质的中小企业构建出良好的市场环境和企业竞争,这正是我们应该学习的。

2.2.2 中国的隐形冠军企业

在隐形冠军企业中,大部分企业因为不与终端消费者产生直接联系而不为人所知。但是在其客户眼里,却享有至高无上的声誉和具有不可替代的地位,它们中的大部分企业就是中间制造商。在2018年的一次演讲中,赫尔曼·西蒙提到,他的团队在过去20年里收集了全球3000家隐形冠军企业的数据,结果显示,德国拥有1307家隐形冠军企业,成为数量最多的国家,这个数字大约是中国拥有数量的19倍。我国和德国有许多相似之处,比如都有深厚的制造基础和大量的中小企业,截至2018年,我国的中小企业数量更是超过4000万家。那么,我国的中小企业应该在数字技术迅速发展的背景下结合数字化转型、环境数字技术发展,探寻适合我国中小企业长远发展的路径。

我国将部分隐形冠军企业称为制造业单项冠军企业,其定义如下:制造业单项冠军企业是指在单个细分市场中具有优势市场份额、先进核心技术和领先品牌效应的龙头企业,是推动中国制造向中国创造转变的排头兵(刘诚达,2019)。Simon教授认为隐形冠军企业虽然不为社会熟知,但在利基市场中,它们的产品有着巨大的优势,占据了领先地位,具有注重创新的突出特点。隐形冠军企业在一定条件下扩张后可以成为制造业单项冠军企业。

2.3 "小巨人"企业

2.3.1 "小巨人"企业概述

"小巨人"企业专注于细分市场,它们创新能力强、成长性好,在各自的产品领域逐渐形成优势和规模,能够为大企业、大项目提供关键零部件、元器件和配套产品，可以说是专精特新企业中的优秀代表。专精特新"小巨人"企业的认定需同时满足专、精、特、新、链、品六个方面的条件。企业首先要成为专精特新企业才能继续发展为专精特新"小巨人"企业。

根据调查数据，我国专业程度高、创新能力强的"小巨人"企业90%集中在核心基础零部件及元器件、关键基础材料、先进基础工艺、产业技术基础等"四基领域"。"小巨人"企业在产业链供应链中发挥重要作用，掌握着具有核心竞争力的关键零部件或关键原材料的供应。工业和信息化部表示，截至2023年3月1日，全国已培育7万多家专精特新企业，其中"小巨人"企业8997家。2022年全年新上市的企业中，专精特新企业占了59%，累计已经有1300多家专精特新企业在A股上市，占A股上市企业总数的27%。这些企业在工业基础领域深耕细作，充分体现出专业化、精细化、特色化、新颖化的发展特点。

由表2-1可知，专精特新"小巨人"企业的数量占全国企业总数的比重仅为0.04%，却提供了超过200万个就业岗位，占全国就业岗位的比重为0.35%，其授权发明专利量占全国总量的4.64%。这意味着，专精特新"小巨人"企业提供的就业人数占比（0.35%）是其企业数量占比（0.04%）的8.75倍，而技术贡献占比（4.64%）是数量占比的116倍，专精特新"小巨人"企业的发展对我国专利技术的发展有着巨大的推动作用。2020年3月29日，习近平总书记在浙江考察时指出，"我国中小企业有灵气、有活力，善于迎难而上、自强不息"。2021年7月27日，国务院原副总理刘鹤在全国"专精特新"中小企业高峰论坛上的致辞中指出："'专精特新'的灵魂是创新。我国经济发展到当前这个阶段，科技创新既是发展问题、更是生存问题。我们强调'专精特新'，就是要鼓励创新，做到专业化、精细化、特色化。各位企业家要以'专精特新'为方向，聚焦主业、苦练内功、强化创新，把企业打造成为掌握独门绝技的'单打冠军'或者'配套专家'。"并强调："要为中小企业发展创造良好环境。企业家精神就像鱼一样，水温合适，鱼就会游过来。"这一讲话说明了营造良好的营商环境的重要性，同时也希望中国的中小企业能够积极向创新型企业、专精特新企业及专精特新"小巨人"企业发展。

表 2-1 前四批公示的"小巨人"企业在我国国民经济中的比重

	专精特新"小巨人"企业	"小巨人"企业占全国比重 /%	全国企业
企业数量：总企业数 / 家	9279	0.04	25055456
就业规模：总就业数 / 万人	224.5	0.35	63643.7
技术规模：授权发明专利量 / 万件	15.16	4.64	327.02

资料来源：陈游. 提升专精特新"小巨人"企业创新能力的路径研究——基于与德国隐形冠军企业的比较分析 [J]. 西南金融，2023（8）：73-84.

2.3.2 专精特新"小巨人"企业认定

工业和信息化部印发的《优质中小企业梯度培育管理暂行办法》第十二条明确了专精特新"小巨人"企业的认定，即由专精特新中小企业按属地原则自愿提出申请，省级中小企业主管部门根据认定标准，对企业申请材料和相关佐证材料进行初审和实地抽查，初审通过的向工业和信息化部推荐。工业和信息化部组织对被推荐企业进行审核、抽查和公示。公示无异议的，由工业和信息化部认定为专精特新"小巨人"企业。原则上每年第二季度组织开展专精特新"小巨人"企业认定工作，省级中小企业主管部门应根据工作要求，统筹做好创新型中小企业评价、专精特新中小企业认定和专精特新"小巨人"企业推荐工作。在第十三条中指出，经认定的专精特新"小巨人"企业有效期为三年，每次到期后由认定部门组织复核（含实地抽查），复核通过的，有效期延长三年。且在第十四条中指出，专精特新"小巨人"企业应在每年 4 月 30 日前通过培育平台更新企业信息。未及时更新企业信息的，取消复核资格。第十五、十六条则规定了有效期内的专精特新"小巨人"企业发生重大变化，以及出现重大安全问题或严重失信等情况时应采取的措施。第十七条赋予了任何组织和个人举报的权利，以监督企业良性发展。第二十三条规定:"本办法自2022年8月1日起实施。8月1日前已被省级中小企业主管部门认定的专精特新中小企业和已被工业和信息化部认定的专精特新'小巨人'企业,继续有效。有效期(最长不超过3年)到期后自动失效,复核时按本办法执行。"2022年8月1日前已被工业和信息化部认定的专精特新"小巨人"企业不必担心资质问题,一切以现有办法为准。

工业和信息化部从六个方面对专精特新"小巨人"企业进行规范。

第一,专业化方面,要求坚持专业化发展道路,长期专注并深耕于产业链某一环节或某一产品。截至2021年年末,企业从事特定细分市场时间达到3年以上,主营业务收入总额占营业收入总额比重不低于70%,近2年主营业务收入平均增长率不低于5%。

第二,精细化方面,要求重视并实施长期发展战略,公司治理规范、信誉良好、社会责任感强,生产技术、工艺及产品质量性能国内领先,注重数字化、绿色化发展,在研发设计、生产制造、供应链管理等环节,至少1项核心业务采用信息系统支撑。取得相关管理体系认证,或产品通过发达国家和地区产品认证(国际标准协会行业认证)。截至2021年年末,企业资产负债率不高于70%。

第三,特色化方面,要求技术和产品有自身独特优势,主导产品在全国细分市场占有率达到10%以上,且享有较高知名度和影响力。拥有直接面向市场并具有竞争优势的自主品牌。

第四,创新能力方面,要求满足一般性条件或创新直通条件。其中,一般性条件为(需同时满足以下三项):①上年度营业收入总额在1亿元以上的企业,近2年研发费用总额占营业收入总额比重均不低于3%;上年度营业收入总额在5000万元~1亿元的企业,近2年研发费用总额占营业收入总额比重均不低于6%;上年度营业收入总额在5000万元以下的企业,同时满足近2年新增股权融资总额(合格机构投资者的实缴额)8000万元以上,且研发费用总额3000万元以上、研发人员占企业职工总数比重50%以上。②自建或与高等院校、科研机构联合建立研发机构,设立技术研究院、企业技术中心、企业工程中心、院士专家工作站、博士后工作站等。③拥有2项以上与主导产品相关的I类知识产权，且实际应用并已产生经济效益。创新直通条件为（满足以下一项即可）：①近3年获得国家级科技奖励，并在获奖单位中排名前三。②近3年进入"创客中国"中小企业创新创业大赛全国50强企业组名单。

第五，产业链配套方面，要求位于产业链关键环节，围绕重点产业链实现关键基础技术和产品的产业化应用，发挥"补短板""锻长板""填空白"等重要作用。

第六，主导产品所属领域方面，要求主导产品原则上属于以下重点领域：从事细分产品市场属于制造业核心基础零部件、元器件、关键软件、先进基础工艺、关键基础材料和产业技术基础；或符合制造强国战略十大重点产业领域；或属于网络强国建设的信息基础设施、关键核心技术、网络安全、数据安全领域等产品。

由此可见，专精特新"小巨人"企业是专精特新企业中的杰出代表，企业需同时满足多方面要求才能达到国家认定标准。

2.3.3 专精特新"小巨人"企业相关文献综述

美国将"小巨人"企业的主要特征概括为以下几个方面：服务行业为主、行业领先、非上市公司、稳定的股东队伍、最佳员工规模、灵活的组织结构、非财务目标价值观、员工自豪感、企业的魅力、和谐的社区关系。其中很重要的一点就是企业在做决策时，坚定地将企业更好发展的目标摆在非财务指标和规模扩张之上（张承耀和李小兰，2007）。

同德国的隐形冠军企业相比，我国的"小巨人"企业在技术创新方面的研发投入效果以及创新发展模式都有待优化。因此，借鉴德国经验，有利于提高我国专精特新"小巨人"企业的创新能力，如设计集群化创新网络体系，健全技术设施共享机制，建立重大科研项目交流合作机制，推行人才战略以提升企业人才的创新能力，并支持"小巨人"企业参与价值链创新链建设（陈游，2023）。建立专精特新中小企业库，对入库企业做专门指导，构建国家、省、市联动的培育政策体系，加强产业链、创新链、资本链、政策链互动，将有利于专精特新"小巨人"企业的培育（张睿等，2017）。

专精特新企业目前主要分布于经济较发达的省市，专精特新企业在省内的分布同龙头城市的外溢效应等有关。长三角和珠三角地区及中西部地区专精特新"小巨人"企业的分布同政府政策偏向、地区经济发展方向、科研实力等有关（林江，2021）。中国国家级专精特新"小巨人"企业整体上呈"东密西疏、南多北少"的集聚型分布格局，并有向西、向北扩散的趋势。企业的空间分布格局是多种因素共同作用的结果。基础设施与政策环境是主要影响因素，经济实力与社会发展是重要影响因素，自然条件和创新能力是基础性影响因素，影响因子间有显著的非线性增强作用，但各维度影响因子的交互作用有较大差异（丁建军等，2022）。人才作为企业创新当中非常重要的一环，对企业的发展有很大的影响。当桥接科学家为企业创始人时，因其兼具学术和产业研发经历，对企业技术创新数量和质量的影响更强，桥接科学家创始人通过影响科学知识搜索和技术知识搜索提升了技术创新质量，而仅通过技术知识搜索增加了企业技术创新数量（王瑶等，2023）。院校作为未来高端人才的孕育所，其与企业的协同创新也是中小企业向创新型企业、专精特新企业及专精特新"小巨人"企业发展的一条路径。高等学校是知识生产、科技研发和人才培养的重要载体，其知识溢出和科教融合对于所在区域培育"小巨人"企业具有重要作用。高等学校知识溢出能够显著促进所在地区"小巨人"企业的培育，并对周边城市产生积极的溢出效应，有效促进非高等学校集聚城市的科技创新和高质量发展。且在城市人才政策和大学科技园建设的配合下，高等教育的发展会产生更强的科教融合效应。充分发挥人才引进和大学科技园创新孵化的作用，将助力专精特新"小巨人"企业的培育（陈武元等，2022）。

研究发现，"小巨人"企业的培育能够明显促进制造业中小企业创新活力的提升，并且明显体现在技术效率水平方面。且"专精特新"政策对劳动密集型、技术密集型中小企业创新活力的提升作用大于资本密集型中小企业（丁永健和吴小萌，2023）。通过建立模型研究发现，硬科技创新水平越高，专精特新企业跨量级发展的能力越强，即从省级专精特新企业跃升到国家级专精特新"小巨人"企业，甚至跃升至制造业单项冠军企业（周婷婷和李孟可，2023）。针对"小巨人"企业实施的政策可能会导致这些企业在短期内增加研发投入和成本费用，但无法在短期内转化为盈利能力；政策的支持较好地缓解了"小巨人"企业的融资困难等问题，支持其增加研发投入，从而形成高盈利、高研发的良性循环局面（汪合黔和陈开洋，2022）。"小巨人"企业需要投入大量资金进行研发，前期成本较大，企业盈利状况也是一些投资人较为关心的问题。

从基本特征看，国家级专精特新"小巨人"企业的行业分布主要为制造业，但细分行业具有多元化特征；企业规模普遍在 10 亿元 ~ 50 亿元之间。从盈利和发展能力看，毛利率显示整体企业盈利基础较好。从政策扶持层面看，江苏省、广东省、上海市、浙江省、北京市成为国家级专精特新"小巨人"上市企业的五大聚集地，与其地方政策出台早、速度快和频率高有很大关系，同时也与创新企业孵化器的服务扶持有重要关系；企业获得一次性认定资金后也得到不同程度的补贴，具有经济越发达，认定企业越多，政府总体支持力度越大的倾向，但直接补贴的支持力度在五大聚集地的单体企业并无明显优势（盛依琳等，2022）。

2.4 数字化转型

2.4.1 数字化转型概论

数字化转型是指通过信息、计算和通信等数字技术触发组织做出战略响应，变革其结构、边界乃至价值产生路径，进而实现企业实体演进的过程

(Vial，2019)。在2017年杭州举行的G20峰会上，二十国集团对数字经济进行了如下定义："以数字化的知识和信息作为关键生产要素、以现代信息网络作为重要载体、以信息通信技术的有效使用作为效率提升和经济结构优化的重要推动力的一系列经济活动。"由此定义可以看出，数字经济主要是以互联网为载体进行的一系列促进经济结构升级以及效率提升的经济活动，大体可分为两类：产业数字化和数字产业化。企业的数字化转型不仅包括产业数字化，也包括数字产业化：既包括传统企业与现代网络技术进行数字化融合，向数字化进行转型，比如零售行业、制造行业、服务行业利用大数据、人工智能、云计算等网络技术对原本行业的生产、消费、交换、分配等流程进行结构优化，也包括数字化企业与具体产业相融合，进行数字化转型，比如进行互联网技术基础研究的数字化企业将其获得的科技创新成果转化为生产要素，应用到具体的相关行业。产业数字化和数字产业化共同构成企业的数字化转型（王春英和陈宏民，2021）。

2012年国务院发布的《"十二五"国家战略性新兴产业发展规划》是根据"十二五"规划纲要和《国务院关于加快培育和发展战略性新兴产业的决定》（国发〔2010〕32号）的部署和要求，为加快培育和发展节能环保、新一代信息技术、生物、高端装备制造、新能源、新材料、新能源汽车等战略性新兴产业特别制定的。目前的政策侧重于发展新兴科技行业，并开始聚焦于物联网、云计算等新兴技术。此时部分企业开始了数字化的尝试。2015年，《国务院关于积极推进"互联网+"行动的指导意见》发布，意见明确了"互联网+"的十一个重点行动领域：创业创新、协同制造、现代农业、智慧能源、普惠金融、益民服务、高效物流、电子商务、便捷交通、绿色生态、人工智能。2016年，《发展改革委　能源局　工业和信息化部关于推进"互联网+"智慧能源发展的指导意见》《国务院办公厅关于深入实施"互联网+流通"行动计划的意见》《国务院关于加快推进"互联网+政务服务"工作的指导意见》发布，加速了产业的互联网化。在政策指引下，传统行业"互联网+"得到了众多企业的积极响应，我国企业"互联网+"发展欣欣向荣。如今，国家政策对数字化转型提出了更多要求，并希望企业能够协同创新，将数字化融入区块链发展，提高产业关联度，使更多中小企业能够融入产业链中。2021年10月18日，习近平总书记在十九届中共中央政治局第三十四次集体学习时指出，"要把握数字化、网络化、智能化方向，推动制造业、服务业、农业等产业数字化""发挥数字技术对经济发展的放大、叠加、倍增作用"。企业数字化建设的本质是以数字化手段助力商业要素的有效联合、商业资源的有效配置、商业风险的有效管控。

2.4.2 数字化转型文献综述

经济社会的发展、互联网技术的日益成熟以及产业对科技、创新要求的不断提高使得企业亟须向数字化转型。但如何转型，走什么样的发展路径是企业数字化转型过程中需要思考和解决的问题。以中国制造业上市企业为样本，采用模糊集定性分析方法比较关键条件之后发现，变中求稳型、盲目求变型、稳中求变型和被动求变型这四种类型能够引致高成熟度数字化转型（王晔等，2022）。政策具有指导和引导性作用，研究发现政策不确定性的增加能显著促进企业的数字化发展；异质性分析结果显示，经济政策不确定性对非国有、大型、实体、"十三五"期间的企业的作用更大（潘艺和张金昌，2023）。制定更加适合、细致的政策，并及时根据企业发展和经济现状进行调整，或将进一步促进企业的数字化发展。企业人力资本水平、企业技术研发能力、数字金融发展水平、政府财政支持、外商投资环境和行业竞争环境等要素共同影响中小企业的数字化转型；有志企业主导型、有为政府主导型、有志企业—有为政府协同型和有志企业—有效市场协同型四条路径可以促进中小企业高水平数字化转型（马亮等，2023）。目前中小企业数字化转型存在意识薄弱、能力不足、资源受限等问题，据此学者提出了培养管理层的动态管理能力、采用现有的轻量化数字平台、提升组织使用信息技术的能力、完善数据文化与管理实践、获得政府外部帮扶及支持五大实践路径，从而为中小企业走上数字化道路提供更多理论基础（吴江等，2024）。

有研究分析了企业数字化转型动机与多元化转型路径之间的匹配关系，从具体转型路径，促使企业引入智能生产线的影响因素，促使企业引入数字化管理系统、实现车间智能化改造的影响因素，促使企业实现物联网远程管理的影响因素四个方面进行分析，发现主要影响因素为提高效率、降低成本、增强竞争力、提高客户满意度四点。受地区、政策、企业研发能力、所处行业和企业规模的影响，企业数字化转型动机对多元化转型路径的促进作用存在异质性。我国企业数字化转型具有主要通过推动多元化而不是集中化的方式来优化供应链配置的规律，这构成我国增强产业链供应链韧性和安全的微观理论基础（巫强等，2023）。智慧城市建设能显著促进企业数字化转型，且主要通过缓解融资约束与加强技术创新两种机制促进企业数字化转型，同时可能缓解中小企业特别是创新型企业、专精特新企业和专精特新"小巨人"企业融资难的问题。积极推进智慧城市建设、加快数字技术创新、推动数字化产业发展、促进企业数字化转型、把握数字经济发展机遇对中小企业数字化发展有所裨益（王雯雯等，2023）。多位学者认为数字化转型给企业带来了诸多益处。数字化变革通过降低成本费用、提高资产使用效率以及增强创新能力，显著提升了实体企业的经济效益（何帆和刘红霞，2019）。企业推行数字化管理有助于提升持续竞争优势（李坤望等，2015）。信息整合对供应链绩效具有正面作用，有利于提升组织绩效（周驷华和万国华，2016）。将数字技术引入现有企业管理架构，将推动信息结构、管理方式、运营机制、生产过程等发生系统性重塑（刘淑春等，2021）。

2.5 动态能力理论

2.5.1 动态能力理论概述

动态能力理论由资源基础理论和企业能力理论演变而来，解释了企业如何提高与环境动态匹配的能力，从而快速应对外部技术和市场的变化。动态能力允许企业更新资源和资产，通过调配现有资源快速响应市场，适应商业环境中的变化。企业可以借助动态能力了解市场、发起竞争、在新的条件下做出反应，为企业赢得可持续竞争优势。经典的战略管理理论着重强调了外部环境对企业的影响，企业被动适应环境。之后出现的波特五力模型提出了影响企业竞争的五种力量，分别是：供应商的议价能力、购买者的议价能力、潜在竞争者进入的能力、替代品的替代能力、行业内竞争者现在的竞争能力。五种力量的不同组合变化，最终影响行业利润的变化。核心竞争力理论认为企业经过内部资源、能力、技术和知识的积累与整合形成了企业的核心竞争力，但缺少了对企业面对市场波动和环境变化时的评估。例如经典的柯达破产案例，柯达拥有全世界最好的胶卷但仍逃不开破产的命运，这与其长期依赖于核心产品有关，同时也反映出公司对环境变动和市场需求变化欠缺应对能力。动态能力理论很好地补足了核心竞争力理论的缺陷，认为企业需要具备整合、构建和重构内外部资源的动态能力，突破既有路径依赖和市场位势，以获得持续竞争优势。动态能力理论的发展大体可以分为理论探索阶段（1997—2003年）、理论融合阶段（2004—2012年）、理论深化阶段（2013—2019年）。

动态能力的影响因素涉及组织层面和个体层面，其中组织层面可以分为组织资源、组织文化、组织结构、市场导向、组织学习、信息技术几个方面，个体层面可以分为管理者认知与情绪、领导风格、员工创造力几个方面。绿色创造力、创新、数字化平台能力、运营能力则作为中介机制对动态能力产生影响。环境、组织及环境和组织层面因素的交互影响则通过调节机制对动态能力产生影响。最终动态能力将会给企业带来短期财务绩效增长和长期的竞争优势。动态能力有助于企业在动荡的竞争市场中有目的地创造、管理、重组现有资源组合，使企业获得更加长久的竞争优势（焦豪等，2021）。

2.5.2 动态能力文献综述

动态能力在企业数字创新中扮演着重要角色（刘洋等，2020）。数字化转型是数字时代背景下企业动态能力进化的重要前因（张吉昌和龙静，2022）。数字化创新准备正向影响企业数字化创新，动态能力在数字化创新准备与数字化创新之间发挥中介作用（谢鹏等，2023）。企业的动态能力需要一定时间进行构建和积累，动态能力成功帮助部分"衰退"企业"复苏"（段海艳等，2020）。互联网时代要求企业缩减组织架构，且有研究表明扁平化的组织结构和较高的分权化程度会给企业动态能力带来正面影响。由此可见，互联网时代企业需要重视组织结构变革，敢于进行颠覆性尝试，重视企业动态能力的发展和深挖（王晓玲等，2020）。在数字化转型的各个时期，企业在不同动态能力的推动下顺势实现创新战略演化。新战略受到动态能力的不同维度的指导，与数字化转型的过程齐头并进（邵云飞等，2023）。动态能力能够帮助企业适应外部环境变化，获得可持续竞争优势（叶春梅和吴利华，2023）。数字化转型的动态能力构建遵循着"数字化感知能力—数字化获取能力—数字化转型能力"的演化过程（钱晶晶和何智，2021）。动态能力驱动企业创新战略的路径随数字化转型过程而演变，动态能力的吸收能力、适应能力和创新能力对化工企业的高质量发展均具有促进作用（罗公利等，2022）。对于制造业企业，服务化转型的实现依赖于对关键资源的运用，动态能力助力资源发挥最大功效，同时实现自身演化发展（向海燕和李梦晨，2022）。企业数字化进程通过强化感知、获取、转换的动态能力，提升了对消费者需求的响应程度，规范和优化了管理流程，提高了信息的处理和利用效率。数据驱动的动态能力能够提高企业内部控制的精准性。数字化进程有利于提升企业动态能力，提高企业对不确定性环境的应对质量，有效防控经营风险（徐细雄等，2023）。企业应当抓住数字化风口积极提高企业动态能力，增强企业竞争力。企业需要依据所处的环境制定符合自身的战略，利用数字化技术逐渐打造吸收能力和创新能力等动态能力，实现价值的提升（邵兵等，2023）。

2.6 微笑曲线理论

微笑曲线（Smiling Curve）是由中国宏碁集团创办人施振荣于 1992 年提出的一种理论。微笑曲线是一条两端向上的曲线，该曲线中间代表制造，左边代表研发，右边代表营销（图 2-1）。微笑曲线理论认为，在产业链中，附加值更多体现在曲线两端的研发和营销环节，处于曲线中间的制造环节则附加值最低（《新编经济金融词典》）。微笑曲线其实就是附加价值曲线。位于曲线下颚部分的企业之间竞争更加激烈。微笑曲线的弧度也随着时间的推移、产业的发展等而发生变化，变得更加凹陷，使得曲线两端的附加值更高，研发和营销的重要性越发凸显。

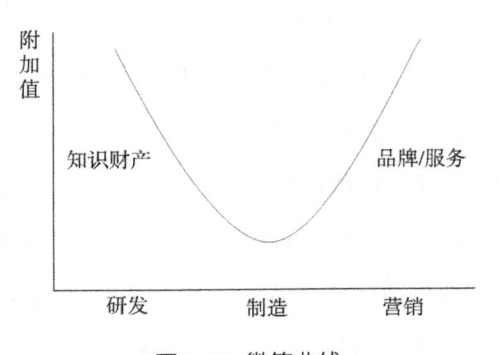

图 2-1 微笑曲线

从微笑曲线模型可知，产业价值链上不同环节的附加值是不同的，两头高、中间低，而且中间环节的竞争日趋激烈，利润空间越来越小，我国高技术产业必须努力从微笑曲线的谷底向两端转移（余建形等，2005）。在国民经济中，每个行业都有其各自的微笑曲线。微笑曲线理论在 IT 产业、制造业方面的成功应用较多。软件企业要发展壮大，就只有从微笑曲线的谷底不断地往附加价值高的两边区域移动（田岗和韩福荣，2004）。微笑曲线的运用将有利于我国建筑行业的发展（叶娟和刘宏蛟，2008）。文化产业应在微笑曲线中选择合适的位置进行发展，从而带来更高的产业附加值（路光前，

2010）。微笑曲线的运用也将助力服装产业转型升级（王茂荣，2011）。学者普遍认为遵从微笑曲线理论有利于产业的发展。

但对于此曲线是否只有利好，有学者提出了不同的观点。研究发现，价值链利润分布的微笑曲线并不是放之四海而皆准的规律，价值链各个环节的"市场结构"在一定程度上决定其利润获取能力的大小。某个价值链环节的"市场结构"越趋向于完全竞争，其利润获取能力越弱；而某个价值链环节的"市场结构"越趋向于垄断，该环节的利润获取能力越强，并由此决定价值在整个价值链当中的分布（文嫱和张生丛，2009）。我国制造业的价值链曲线并非一成不变，产业微笑曲线不具有通用意义，并且贸易方式、时间演化和要素密集等异质性特征对于制造业的价值链曲线具有重要调节作用（高翔等，2020）。位于微笑曲线谷底的中国金融企业也可以通过对知识的转化与创造来实现企业的发展（郑浩，2012）。

结合产业经济学理论与区域贫困陷阱研究，学界提出：中国需警惕低附加值产业导致的"结构性贫困"困境。要摆脱这一困境，应遵循微笑曲线理论，向产业链两端的高附加值环节扩张：一端是必须向自主知识产权扩张，另一端是必须向拥有自己的品牌、自己的营销渠道、自主营销手段这一端来扩张，要逐渐摆脱两头在外、自己在中间干苦力劳动的局面。有学者认为，为避免我国陷入"价值链陷阱"，丧失自主产业发展动力，应当依据比较优势原理，守住中游制造，采取渐进方式，拓展上游研发与下游品牌销售，实现产业升级（杨林和曾繁华，2009）。也有学者认为，公司在微笑曲线指导下进行的工作，事实上更多的是割裂性的工作，是否足以支撑起公司持续发展的重担仍需考量（龙真，2009）。

微笑曲线理论在一定程度上为中小企业提供了新的发展思路。基于此曲线，有学者建立了企业升级路径的选择模型，并着重分析了其中十条路径及相对应的微笑曲线的变化。且认为不同行业的附加值不同，一般资金—

技术密集度越高的产业，曲线的位置越高，弯曲度越大。企业升级不仅体现为企业活动附加值和获利水平的提高，还体现为生产效率和投入产出比率的提高。提升制造能力，降低投入和消耗，从而降低成本，同样可以提升价值（毛蕴诗和郑奇志，2012）。

综上所述，企业作为一个复杂的组织，其附加值、产品价值和企业竞争力等不能完全用微笑曲线进行衡量，但可以作为企业在发展过程中的一个侧重点或给企业提供转型升级的路径，而企业的良好发展离不开各组织架构的配合和企业对环境、市场、政策、产品的多方把控。因此，在企业的发展过程中需要经营者依据现有条件，紧跟方针政策选择适合的道路进行发展。

2.7 本章小结

本章对专精特新企业和专精特新"小巨人"企业的定义及认定标准进行了回顾，同时对一些理论进行了解释。主要包括以下几方面。

（1）隐形冠军企业是由德国管理学家赫尔曼·西蒙（Hermann Simon）提出的，是指产品的国际市场份额居第一或第二的位置，却鲜为人知、社会知名度低的中小企业。

（2）"小巨人"企业专注于细分市场，创新能力强、成长性好，在各自的产品领域逐渐形成优势和规模，能够为大企业、大项目提供关键零部件、元器件和配套产品。在"小巨人"企业的认定中，对研发有着更高的要求，同时动态管理法也使得"小巨人"企业需要持续性创新并盈利。

（3）数字化转型是指以数字化的知识和信息作为关键生产要素、以现代信息网络作为重要载体、以信息通信技术的有效使用作为效率提升和经济结构优化的重要推动力的一系列经济活动。应以数字化手段助力商业要素的有效联合、商业资源的有效配置、商业风险的有效管控，探寻发展路径，实现企业转型升级。

（4）动态能力允许企业更新资源和资产，通过调配现有资源快速响应市场，适应商业环境中的变化。企业可以借助动态能力了解市场、发起竞争、在新的条件下做出反应，为企业赢得可持续竞争优势。企业需要具备整合、构建和重构内外部资源的动态能力，突破既有路径依赖和市场位势，以获得持续竞争优势。

（5）微笑曲线（Smiling Curve）是由我国宏碁集团创办人施振荣提出的一种理论。该曲线着重强调研发和营销的重要性，且认为不同行业的附加值不同，一般资金—技术密集度越高的产业，曲线的位置越高，弯曲度越大。根据微笑曲线，企业应重视向自主知识产权扩张，同时必须向拥有自己的品牌、自己的营销渠道、自主营销手段这一端来扩张。

第 3 章

专精特新企业发展的重要性

中小企业是我国国民经济和社会发展的重要力量。促进中小企业又好又快发展，是保证国民经济平缓较快发展的前提。随着生产结构的不断优化、企业人员素质和管理水平的不断提高，社会主义市场经济体制不断完善，中小企业成为调整和优化经济结构的重要推动力量。发展专精特新企业可以帮助企业占据市场，获得国家政策层面的鼓励，同时，在政府的支持下，专精特新企业将迎来新的历史发展机遇。

专精特新企业是指具有专业化、精细化、特色化、新颖化特征的中小企业（董志勇和李成明，2021）。专业化主要是指传统的生产技艺专业化和产品的专业特性等；精细化体现为产品生产技艺精妙、管理模式精细、产品精致等特征；特色化主要体现为生产技术和产品服务的特色化；新颖化主要体现为当前科技生产技术的发展，使得产品和服务都呈现出技术化、智能化等特征。

综合来看，专精特新企业在复杂的市场环境中依然能够表现出强劲的产业发展实力和发展韧性，说明专精特新企业的发展具有一定的战略意义。本章将从政策支持、战略意义、发展现状和高质量发展对策四个方面对专精特新企业的发展进行论述。

3.1 专精特新企业政策支持

推动专精特新企业高质量发展有利于实现我国建设制造强国、科技强国的目标，是现阶段的工作重点。专精特新企业耕耘某个专业领域，聚焦核心主业，为提高产业链供应链的稳定性和创新性提供坚实保障，为经济发展提供新的增长点。从提出"专精特新"概念至今，中央与地方政府都在不断完善顶层设计以支持专精特新企业的发展。各政府部门通过出台和完善各项政策来帮助中小企业打破发展壁垒，促进企业高质量发展。本节首先梳理截至2022年专精特新企业支持政策的出台情况，分析企业发展态势；其次对专精特新企业政策实施状况进行分析，评析现状与不足。

3.1.1 专精特新企业的政策支持及发展态势

1. 专精特新企业的支持政策演进

近年来，中央多次强调发展专精特新企业。发展专精特新企业已成为国家发展战略的重要组成部分。根据政策的推进力度和紧迫性，大致可以将专精特新企业支持政策的演进分为总体布局和加速推进两个阶段（董志勇和李成明，2021）。

（1）2011—2018年：经济模式转变背景下的总体布局阶段。随着我国经济发展方式的转变和经济结构调整的推进，我国经济逐渐从过去的要素驱动转向创新驱动，企业发展方式也从强调企业规模转向注重创新能力，从"大而全"向"大而强""小而精"转变。"专精特新"经历了从概念提出到指导意见出台，再到具体目标确定的过程，政策制定逐渐完善。

2011年9月，工业和信息化部发布《"十二五"中小企业成长规划》明确提出，将"专精特新"发展方向作为中小企业转型升级和转变发展方式的重要途径，形成一批"小而优""小而强"的企业，推动中小企业和大企业协调发展。2012年4月，国务院发布《关于进一步支持小型微型企业健康发展的意见》，提出"鼓励小型微型企业发展现代服务业、战略性新兴产业、现代农业和文化产业，走'专精特新'和与大企业协作配套发展的道路，加快从要素驱动向创新驱动的转变"。为贯彻落实这一要求，2013年7月，工业和信息化部发布《关于促进中小企业"专精特新"发展的指导意见》，提出了促进中小企业"专精特新"发展的总体思路、重点任务及推进措施,并进一步明确了"专精特新"的内涵。同时,该指导意见明确将增强企业技术创新能力、实施中小企业知识产权战略、提高信息化应用水平、提高产品质量和创建品牌、提高经营管理水平和促进产业协作配套作为重点任务。2016年,工业和信息化部牵头制定了《工业强基工程实施指南(2016—2020年)》和《促进中小企业发展规划(2016—2020年)》,提出推动中小企业朝"专精特新"方向发展,并将培育一批专精特新"小巨人"企业作为重要目标。2018年8月,工业和信息化部等三部门联合印发了《关于支持打造特色载体推动中小企业创新创业升级的实施方案》,提出要"促进中小企业特别是小微企业提升专业化能力和水平,引导中小企业在关键领域核心技术有所突破,在细分行业领域成长壮大为专精特新小巨人"。2018年11月,工业和信息化部办公厅又发布了《关于开展专精特新"小巨人"企业培育工作的通知》,将"专精特新"中小企业中的排头兵企业列为专精特新"小巨人"企业,并计划利用三年时间培育600家左右。

这一阶段主要是总体布局阶段,从提出概念到出台促进发展的指导意见,再到确定具体实施路径,支持专精特新企业发展的政策措施逐步明晰。

(2)2019年以来:国内外环境转变下的加速推进阶段。随着全球经济环境的变化和中美贸易摩擦的加剧,我国产业链供应链创新链的安全受到严峻挑战,加快解决核心技术"卡脖子"问题成为构建新发展格局的重要任务。解决核心技术难题,关键在于聚焦产业链关键环节"补短板""锻长板",瞄准特定方向发展专精特新企业。近年来,相关政策支持力度不断加大,进入加速推进阶段。

2019年8月,习近平总书记在中央财经委员会第五次会议上提出,"要发挥企业家精神和工匠精神,培育一批'专精特新'中小企业"。2020年7月,工业和信息化部等十七部门联合发布的《关于健全支持中小企业发展制度的若干意见》进一步明确提出,"完善支持中小企业'专精特新'发展机制","健全'专精特新'中小企业、专精特新'小巨人'企业和制造业单项冠军企业梯度培育体系、标准体系和评价机制，引导中小企业走'专精特新'之路。完善大中小企业和各类主体协同创新和融通发展制度，发挥大企业引领支撑作用，提高中小企业专业化能力和水平"。2021年1月，财政部、工业和信息化部联合印发的《关于支持"专精特新"中小企业高质量发展的通知》提出，通过中央财政资金引导，重点支持"小巨人"企业加大创新投入、与行业龙头企业协同创新、与产业链上下游协作配套、开展数字化网络化智能化改造、加快上市步伐、加强国际合作等。2021年3月，国家"十四五"规划纲要将培育专精特新企业，作为推动现代产业体系建设和提升产业链供应链现代化水平的重要抓手，并将"推动中小企业提升专业化优势，培育专精特新'小巨人'企业和制造业单项冠军企业"作为"十四五"时期的重要工作。随后，对专精特新企业的政策支持进一步加强。2021年4月，原中国银保监会办公厅发布《关于2021年进一步推动小微企业金融服务高质量发展的通知》，要求对掌握产业"专精特新"技术，特别是在"卡脖子"关键技术攻关中发挥作用的小微企业，量身定做金融服务方案，及时给予资金支持。2021年6月，工业和信息化部等六部门联合发布《关于加快培育发展制造业优质企业的指导意见》，旨在加快培育发展专精特新"小巨人"企业、制造业单项冠军企业、产业链领航企业等优质企业。2021年7月，中共中央政治局会议再次强调"要强化科技创新和产业链供应链韧性，加强基础研究，推动应用研究，开展补链强链专项行动，加快解决'卡脖子'难题，发展专精特新中小企业"。

这一阶段，受国际环境恶化的影响，产业链供应链创新链安全被提到了新的高度。专精特新企业具有补链固链强链作用，在维护国家安全上扮演了关键角色。正因如此，专精特新企业高质量发展的政策支持力度不断增强。

截至2022年6月，国家层面"专精特新"部分支持政策如表3-1所示。

表 3-1　国家层面"专精特新"部分支持政策

时　　间	政策名称	颁布部门或会议
2011 年 9 月	《"十二五"中小企业成长规划》	工业和信息化部
2013 年 7 月	《关于促进中小企业"专精特新"发展的指导意见》	工业和信息化部
2015 年 7 月	《关于进一步促进产业集群发展的指导意见》	工业和信息化部
2016 年 4 月	《建设创新型省份工作指引》	科技部
2016 年 6 月	《促进中小企业发展规划（2016—2020 年）》	工业和信息化部
2019 年 8 月	《关于促进制造业产品和服务质量提升的实施意见》	工业和信息化部
2019 年 4 月	《关于促进中小企业健康发展的指导意见》	中共中央办公厅、国务院办公厅
2019 年 11 月	《关于推动先进制造业和现代服务业深度融合发展的实施意见》	国家发展改革委等
2020 年 2 月	《关于应对新型冠状病毒肺炎疫情帮助中小企业复工复产共渡难关有关工作的通知》	工业和信息化部
2020 年 3 月	《关于开展志愿服务促进中小企业发展的指导意见》	工业和信息化部办公厅、民政部办公厅
2020 年 5 月	《关于进一步强化中小微企业金融服务的指导意见》	中国人民银行等
2020 年 7 月	《关于健全支持中小企业发展制度的若干意见》	工业和信息化部等
2020 年 10 月	《关于进一步提高上市公司质量的意见》	国务院
2021 年 12 月	《关于印发〈职业学校学生实习管理规定〉的通知》	教育部等
2021 年 1 月	《关于支持"专精特新"中小企业高质量发展的通知》	财政部、工业和信息化部
2021 年 3 月	《中华人民共和国国民经济和社会发展第十四个五年规划和 2035 年远景目标纲要》	第十三届全国人大第四次会议
2021 年 4 月	《关于 2021 年进一步推动小微企业金融服务高质量发展的通知》	原中国银保监会办公厅

续表

时间	政策名称	颁布部门或会议
2021年5月	《关于开展中小企业服务月活动的通知》	工业和信息化部办公厅
2021年6月	《关于加快培育发展制造业优质企业的指导意见》	工业和信息化部等
2021年9月	《关于加强产融合作推动工业绿色发展的指导意见》	工业和信息化部等
2021年11月	《关于进一步加大对中小企业纾困帮扶力度的通知》	国务院办公厅
2021年11月	《关于印发为"专精特新"中小企业办实事清单的通知》	国务院促进中小企业发展工作领导小组办公室
2021年11月	《关于推进新时代人力资源服务业高质量发展的意见》	人力资源社会保障部等
2021年11月	《关于银行业保险业支持高水平科技自立自强的指导意见》	原中国银保监会
2021年12月	《关于印发"十四五"数字经济发展规划的通知》	国务院
2022年1月	《关于开展2022年"我为纳税人缴费人办实事暨便民办税春风行动"的意见》	国家税务总局
2022年1月	《印发〈关于充分发挥司法职能作用 助力中小微企业发展的指导意见〉的通知》	最高人民法院
2022年1月	《关于印发〈2022年"科创中国"工作要点〉的通知》	中国科协办公厅
2022年3月	《关于2021年国民经济和社会发展计划执行情况与2022年国民经济和社会发展计划的决议》	第十三届全国人大第五次会议
2022年3月	《关于落实〈政府工作报告〉重点工作分工的意见》	国务院
2022年4月	《关于组织开展2022年"知识产权服务万里行"活动的通知》	国家知识产权局
2022年4月	《关于做好疫情防控和经济社会发展金融服务的通知》	中国人民银行和国家外汇管理局

续表

时间	政策名称	颁布部门或会议
2022年5月	《关于印发扎实稳住经济一揽子政策措施的通知》	国务院
2022年5月	《关于支持高新技术和"专精特新"企业开展跨境融资便利化试点的通知》	国家外汇管理局
2022年5月	《关于支持实体经济若干措施的通知》	深圳证券交易所
2022年6月	《优质中小企业梯度培育管理暂行办法》	工业和信息化部

2. 专精特新企业的发展态势

2023年7月，第五批国家级专精特新"小巨人"企业公示名单正式发布，全国总计有3671家企业入选。从各省市分布数量来看，江苏、广东、浙江位列前三。其中，江苏国家级专精特新"小巨人"数量位居全国第一，达到795家；其次是广东（包含计划单列市），为658家；浙江位居第三，为384家（图3-1）。在5个计划单列市中，深圳以310家的数量位居第一，而宁波、青岛、厦门、大连分别为69家、39家、25家、12家，4市合计145家（图3-2）。深圳的数量是其余4个计划单列市数量之和的两倍多。与"小巨人"强市相比，深圳此次新增数量超过了北京、苏州和上海，位居全国第一。

根据工业和信息化部中小企业局发布的《2019年中国中小工业企业经济运行报告》，在营收和利润方面，2019年规模以上中小工业企业营业收入和利润总额分别达到60万亿元、3.3万亿元，分别占规模以上工业企业的56.7%、53.9%，同比分别增长4.1%、1.4%，增速同比分别回落4.4个百分点、10.0个百分点，规模以上中小工业企业盈利能力存在下降趋势，且亏损面达到了15.9%。在就业方面，2019年规模以上中小工业企业从业人数占规模以上工业企业总就业人数的66.7%，同比下降4.2%，且降幅高于2018年，"用工难"和"就业难"并存，传统产业就业吸引力的下降更为明显。在投资方面，

2019年民间固定资产投资增速下降4.0个百分点,占全国固定资产投资的比重同比下降5.6个百分点,中小企业对未来发展信心不足。

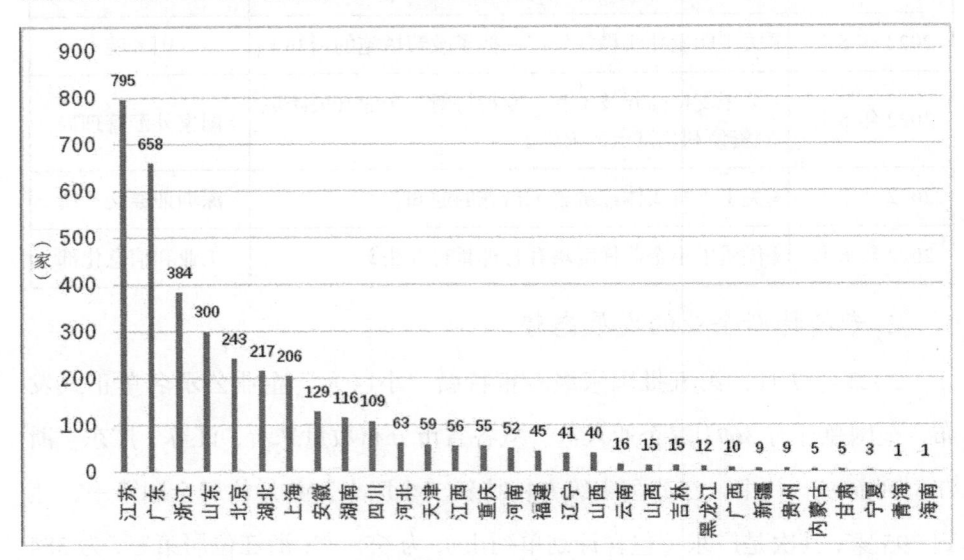

图3-1 第五批国家级专精特新"小巨人"企业各省(区、市)分布数量

资料来源:搜狐网。

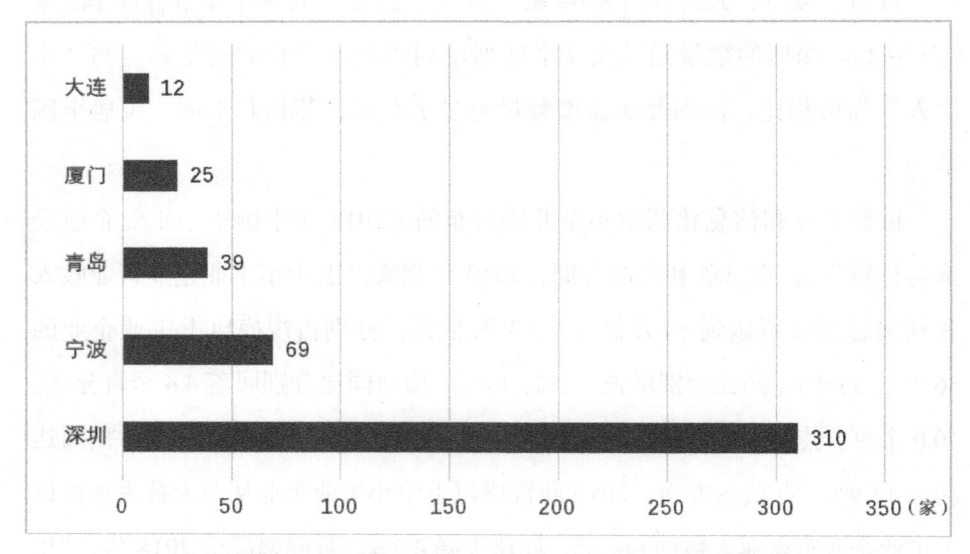

图3-2 第五批国家级专精特新"小巨人"企业各计划单列市分布数量

资料来源:搜狐网。

从上述数据可以看出，我国规模以上中小工业企业总体上进入发展瓶颈期，其中既有外需环境恶化的因素，又有数字技术使产业发展格局发生变化的因素，但就其自身发展而言，其不能适应当前经济社会发展要求、转型能力不足且转型步伐滞后是主要原因，这也是其他中小企业普遍面临的问题。因此，未来我国提高中小企业盈利水平，发挥中小企业的增长拉动和就业带动作用，关键在于推动中小企业适应当前经济发展变化，加快中小企业转型升级，创新引领中小企业朝"专精特新"方向发展，增强企业内生增长能力。

相比之下，专精特新企业表现出强劲的增长力和抗风险能力。新冠疫情期间，专精特新企业率先实现复工复产，2020年3月湖南、四川等地的专精特新企业复工率达到98%以上，专精特新"小巨人"企业100%复工复产。在订单萎缩、物流受阻的大环境下，依托强劲的创新能力和竞争力，我国专精特新企业实现了逆势增长。国家统计局数据显示，随着对中小企业支持力度的加大，2021年上半年全国规模以上中小工业企业营业收入、利润总额两年平均增长10.5%与20.4%，已经超过疫情前水平。当前，我国正加快推进中小企业梯次培育，初步形成了从普通中小企业到一般专精特新企业，再到各级政府认定的专精特新企业、专精特新"小巨人"企业、隐形冠军企业、制造业单项冠军企业和领军企业的梯次发展格局。截至2021年9月，工业和信息化部通过三批评选已认定4762家国家级专精特新"小巨人"企业。2021年财政部、工业和信息化部联合印发的《关于支持"专精特新"中小企业高质量发展的通知》提到，"十四五"期间国家将进一步安排100亿元以上奖补资金，分三批重点支持1000余家国家级专精特新"小巨人"企业，支持这些企业加大创新投入，发挥示范引领作用，支持中小企业公共服务示范平台建设，带动1万家左右中小企业成长为国家级专精特新"小巨人"企业，形成中小企业与行业龙头企业协同创新的格局。

总体来看，专精特新企业在产业链供应链受阻的大环境下实现逆势增长，表现出强劲的创新实力和发展韧性,在新发展阶段贯彻新发展理念的进程中发挥了重要的引领作用(董志勇和李成明,2021)。

3.1.2 专精特新企业政策实施情况分析

1. 专精特新企业政策实施现状分析

为了全面深入地剖析专精特新企业政策实施现状,本节基于谢菁(2023)的研究,通过分析政策具体条款,将具体政策条款划分为供给侧政策工具、环境侧政策工具、需求侧政策工具三方面,以进行分析。

以表3-1为依据,通过分析发现,我国专精特新企业的支持政策以供给侧政策工具为主,占比在50%以上;环境侧政策工具达到41%;需求侧政策工具最少,仅占6.33%。其中,供给侧政策工具又以金融支持类为主,占供给侧政策工具的41.46%。在具体的政策条款中,金融支持类政策工具主要包括提供银行信贷产品、支持企业资本市场上市等多种措施,反映了我国对中小企业融资难、融资贵问题的关注。科技支持和教育培训类分别占供给侧政策工具的21.95%和19.51%,前者主要关注专精特新企业与高校、科研院所的合作关系构建,后者则侧重于企业经营管理人才的培训以及高端人才的引进。此外,从财政支持方面看,国家强调对专精特新企业的直接资金支持,即通常一次性给予数额不等的奖补资金。而在信息支持方面,现有政策旨在促进专精特新企业与金融机构的信息对接,降低信息不对称程度。在环境侧政策工具中,我国以目标规划和公共服务类为主(均占环境侧政策工具的39.39%),以法规管制和税收优惠类为辅(分别占环境侧政策工具的9.09%和12.12%),对专精特新企业的发展予以引导。其中,公共服务类政策工具主要涉及两方面:一是鼓励各类社会服务机构为专精特新企业提供精准服务和专项服务;二是鼓励开展专精特新企业的宣传与培训活动。目标规划类政策工具主要表现为与"专精特新"直接或间接相关的政策文件中提及专精特新企业的发展目标,鼓励大中小企业协同创新等。税收优惠类政策工具具体表现为允许专精特新企业享受高技术企业所得税减免、研发费用加计扣除以及科技成果转化税收优惠。法规管制类政策工具则强调司法职能在中小企业发展中的作用,包括营造法治化市场环境、加强对专精特新企业的产权保护等。在需求侧政策工具中,我国目前主要通过政府采购和贸易渠道建设来拉动专精特新企业发展。为开拓国内市场,相关政策明确提出政府采购活动主要面向专精特新企业。同时,为开拓国际市场,政府鼓励和引导在国际展会上设立"专精特新"展台,开展中小企业跨境撮合活动。

2. 专精特新企业支持政策的不足

通过上述分析可知,国家提供了一系列支持政策以推动专精特新企业高质量发展,但仍然存在着一些问题。以下分别基于政策工具的供给侧、环境侧和需求侧维度对专精特新企业支持政策的不足进行分析。

(1) 供给侧分析。一是资金支持体系尚不健全。首先,财政资金奖补效果不佳。政府为培育和支持专精特新企业,通常采取给予企业不同额度的奖补资金等方式进行财政补贴。然而,这种单一、直接的奖补资金支持手段可能会在一定程度上加重政府负担,限制市场在项目选择中的作用,实际激励作用发挥有限。其次,间接融资存在困境。专精特新企业多为中小企业,但目前商业银行中小企业融资产品多为短期贷款,更符合企业经营需要的中长期贷款较为匮乏。最后,直接融资渠道作用发挥不足。从股票市场看,不论是主板,还是新三板或中小板市场,对企业上市融资均提出许多硬性要求,科创板则强化了市场退出机制和信息披露,对公司业绩提出更高的要求。截至2021年年底,32582家专精特新企业中仅有344家在A股上市,占比仅约为1.056%(专精特新企业的统计数据来源于Wind数据库)。此外,其他类型的融资渠道也不通畅,如中小企业种子基金缺乏规范性和系统性,且投资模式较为单一,整体效果并不理想。二是科技和信息支持存在不足。在科技支持方面，首先表现为对关键核心技术以及未来前沿技术的支持不足，从而导致企业科技创新能力难以满足社会经济发展需求；其次，企业专利服务和引导体系尚未完善，创新产品难以推广应用。最后，我国产学研合作还处于研发链条下游，尚未形成长期可持续的产学研融合的协同创新体系。在信息支持方面，突出表现为数字化体系建设亟待完善。部分专精特新企业由于数字资产积累和数字资源应用水平较低，缺乏数字化转型的内在动力，这使得它们难以与供应链和产业链形成完整的体系。加之上下游企业之间、企业与金融机构之间的信息不对称问题依旧存在，导致信息数据难以得到有效传递和共享，数字驱动产业升级的路径尚未形成。三是人才培育和保障机制有待完善。首先，教育方式存在失衡。我国高等教育与职业教育长期发展不平衡，使得社会各界忽视了职业教育在技能传承和人才培养中的重要性。其次，存在结构性矛盾。数量上，我国科研人员队伍庞大，科技人力资源规模居世界第一，但在结构上，我国创新型人才两极分化严重，各领域的领军人才、优秀技术工人等严重短缺。最后，人才保障机制不足。针对专精特新企业人才引进的配套设施尚不完善，高技能人才及其配偶落户、就业以及子女教育、住房等现实问题的存在，导致人才引得进、留不住。

（2）环境侧分析。一是税收优惠的支持作用有限。一方面，税收优惠政策不够全面。在优惠方式上，现行政策以降低税费、适用税率优惠等为主，而对于延期纳税、税收还贷等间接优惠的运用较少。在税收种类上，主要集中于所得税，对流转税等税种涉及不多。另一方面，税收优惠政策的针对性不强。专精特新企业多为中小企业，但其在研发环节享受的税收优惠以及在研发后期享受的科技成果转化优惠与其他大中型高技术企业相同，这种未对企业规模加以区分的税收优惠政策可能导致规模越大的企业越容易从中获益。此外，税收优惠政策的法律层级较低。当前的税收优惠政策多以通知、指导意见的形式颁布，总体上缺乏法律支撑，效力不足。二是公共服务体系亟须改进。我国中小企业公共服务体系建设处于初级阶段，主要由政府机构提供资金优惠、信息咨询等服务，尚未充分调动中介机构、行业协会及商会、大型企业等社会力量，使得中小企业的发展需求难以得到满足、发展机会受到限制。三是法律保障尚不健全。我国目前的法律体系建设尚不成熟，特别是关切中小企业技术创新的知识产权保护体系、保护中小企业公平参与市场竞争并且具有专业性的法律法规还缺乏系统的完善。同时，法律法规的监督执行机制也较为欠缺，导致已有的法律法规无法有效贯彻执行，常常流于形式。

（3）需求侧分析。现阶段对专精特新企业的支持政策偏重于供给侧的资金和人才投入，而忽视了需求侧的市场支持和管理辅导。首先，表现为政府采购活动缺乏切实可行的保障机制。一方面，相关政策仅通过定性研究鼓励政府加大对专精特新企业创新成果的采购力度，并未做好相应的定量规定和引导，使得政策可行性有待提高。另一方面，政策条例对于采购方向、评价方法等的说明较为模糊，政策落实存在灰色地带。此外，相关政策文件仅为规范性文件，效力层级较低，规范效用较小。总体而言，我国通过政府采购拓宽中小企业市场需求仍与发达国家有较大差距。其次，海外市场支撑不足。我国专精特新企业国际化的支持政策尚不完善，开展专精特新企业跨境撮合活动、支持专精特新企业参与国际性展会等措施所发挥的作用较为有限，而短期出口信贷以及出口环节的免证、免税、免担保也只是少数金融机构或地方政府的非典型行为，大多数专精特新出口企业的资金、信息和销售渠道依旧较为缺乏。最后，现有政策未能协助专精特新企业设立海外分支机构，如建立海外贸易组织或搭建全球化平台，从而在一定程度上限制了企业海外市场的拓展，难以形成竞争优势。

3.2 专精特新企业发展的战略意义

中小企业是我国建设现代化经济体系、推动经济高质量发展的重要基础（朱小艳，2023）。在当前经济转型和产业升级的背景下，专精特新企业的发展具有重要的战略意义。本节将从促进经济增长、推动产业升级、促进就业创新和维护社会稳定等方面探讨专精特新企业发展的战略意义（图3-3）。

图3-3 专精特新企业发展的战略意义

3.2.1 专精特新企业促进经济增长

中小企业在我国经济中占据着很重要的地位，对于促进经济增长有着重要作用。2020年，中小企业贡献了约50%的税收、60%的GDP、70%的技术创新、80%的就业，我国99%的市场主体都是中小企业（图3-4）。无论是从地位作用还是从实际贡献来看，中小企业对于我国经济实现高质量发展、行稳致远都具有十分重要的意义。作为中小企业中的佼佼者，专精特新企业在促进经济增长方面的作用尤为突出。

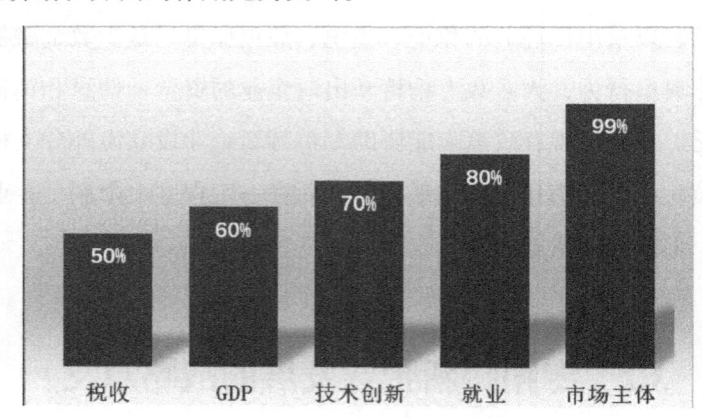

图3-4 中小企业对经济增长的贡献占比

资料来源：中国经济报。

1. 专精特新企业的发展可以推动技术进步和创新

"专精特新"是中小企业创新发展的重要方向，是国家推动中小企业创新发展的重要战略（安存红等，2023）。专精特新企业通常具有较强的创新能力，能够通过技术创新和产品研发推动产业技术水平的提升，推动整个经济的创新发展。近年来兴起的电商平台，如小红书、网易考拉、蘑菇街等，都是中小企业在互联网、人工智能、大数据等领域开展创新的典型例子。它们通过提供新的产品和服务，推动了技术进步和市场发展。新能源汽车等行业中专注于特定技术领域的小型研发企业，通过持续的技术创新，为科技进步和行业发展做出了重要贡献。此外，许多传统的中小企业通过数字化转型，不断推动技术进步。

2. 专精特新企业的发展可以促进就业

中小企业是扩大就业的主要渠道和技术创新的重要源头，是推动经济社会发展不可或缺的重要力量（缴翼飞和黄婷婷，2023）。专精特新企业大多处于成长和拓展阶段，这足以说明其更容易创建新的就业岗位。因为这些企业在成长和拓展阶段，需要大量的人力资源来支持其发展。许多科技初创公司，如人工智能、大数据分析等领域的公司，其发展需要大量的技术人员，一定程度上缓解了社会的就业压力。

3. 专精特新企业的发展可以增加国家税收

当前专精特新企业的盈利活动会直接为政府增加税收。随着这些企业的发展和壮大，它们的经济效益提高，能为政府带来更多的企业所得税、增值税等税收。专精特新企业的发展还可以间接带动就业和增加税收。例如，一些专注于某一特定技术领域的专精特新企业，如新能源、生物科技等企业，其发展可以带动上下游相关产业的发展，间接创造更多的就业机会，增加更多的税收。此外，这些企业的员工也会为政府带来个人所得税、消费税等税收。专精特新企业发展所带来的利润和税收为国家提供了额外的财政收入，这些资金可以被投入公共事业、社会福利以及其他经济发展项目中，进一步促进经济增长。

专精特新企业的发展不但可以直接创造就业和税收，还可以通过带动相关产业的发展，间接提高整体的就业和税收水平。专精特新企业的发展对于促进经济增长具有重要的战略意义。

3.2.2 专精特新企业推动产业升级

随着经济的发展和技术的进步，许多传统产业面临竞争压力和转型升级的需求。而专精特新企业通常专注于某个特定的领域，具有较强的专业能力和市场洞察力，能够填补传统产业的空白，推动相关产业的发展和升级。专精特新企业的发展对于推动产业升级具有重要的战略意义。

1. 促进新兴产业的发展，推动地方经济转型

专精特新企业，特别是像人工智能、生物科技和新能源等科技型初创公司的发展，推动了我国新兴产业的兴起和发展，促进了传统产业向新兴产业的转型。据统计，截至2024年9月，我国专精特新企业数量超14万家。从地域分布来看，当前专精特新企业主要集中于东部地区，浙江、广东、山东、江苏、北京和上海等地区的专精特新企业合计占比超过40%。专精特新企业的发展也可以推动地方经济的转型和升级。例如，一些在特定地区集中的专精特新企业（如深圳的科技初创公司、杭州的电子商务公司等）的发展，推动了地方经济从传统制造业向服务业、科技产业的转型。

2. 促进产业链上下游的协同发展

专精特新企业具有专门化、精细化的特点，通常专注于某个特定环节或细分市场，通过技术创新和市场拓展，可以推动产业链的延伸和升级。在制造业领域，专精特新企业的发展可以推动供应链的优化和整合，提高产业链的效率和竞争力。同时，这些企业还可以通过与大型企业的合作，推动产业链的深度合作和协同发展，进一步提升整个产业的竞争力和附加值。专精特

新企业在产业链的各个环节都能发挥重要作用。一些专注于某一特定领域的中小企业，如生物医药领域的定制化学药物研发企业、新能源领域的储能技术研发企业等，它们的发展可以推动整个产业链的协同发展，优化产业链结构。

3. 推动传统产业的转型和升级

传统产业面临着技术更新、市场需求变化等挑战，需要进行转型和升级以保持竞争力，而专精特新企业的发展可以通过技术创新和市场拓展，为传统产业带来新的动力和活力。例如，在传统制造业中，专精特新企业的发展可以推动智能制造、数字化生产等新兴技术的应用，帮助传统产业实现转型升级。

3.2.3 专精特新企业促进就业创新

2023年上半年，我国经济运行整体回升向好，市场需求和生产供给回暖。但同时，新冠疫情后的结构调整和行业洗牌仍在深化，国内投资、消费和出口等经济增长主要指标出现波动，国外经济衰退和风险外溢效应增强，我国经济发展面临越加复杂的环境和新的挑战。面对当前的经济形势，党中央、国务院持续出台一系列稳经济、稳就业、稳物价的政策措施。在此大背景下，就业工作总体形势保持基本稳定，但企业用工需求下降、青年失业率走高、结构风险加剧等问题需要高度重视（李云，2023）。就业是社会稳定和经济发展的重要基础，而专精特新企业的发展可以为就业创造更多的机会和空间。因此，专精特新企业的发展对于促进就业创新具有重要的战略意义。

2017—2022年高校应届毕业生人数如图3-5所示。数据显示，2023年高校应届毕业生达到1158万人，较2022年增长82万人，说明就业依然是社会经济发展的重要问题之一。专精特新企业通常具有较强的创新能力和市场洞察力，能够快速响应市场需求，扩大生产规模和就业规模。例如，在高科技产业和服务业领域，专精特新企业的发展可以创造更多的高技能岗位，吸纳更多的高素质人才。这些企业通常具有较灵活的组织结构和管理方式，能够提供更多的职业发展机会和创业机会。同时，这些企业也更加注重员工的培训和发展，为员工提供更多的学习和成长机会。这样可以激发员工的创新潜力，增强企业的竞争力。由此说明，专精特新企业的发展可以促进就业的多样化和创新。除此之外，在经济发展过程中，往往存在着地区发展不平衡的现象。而专精特新企业的发展可以促进资源的合理配置和区域经济的均衡发展。通过在各地区设立分支机构或开展合作，专精特新企业可以在地方经济发展中起到引领和带动作用，促进就业的地区平衡。

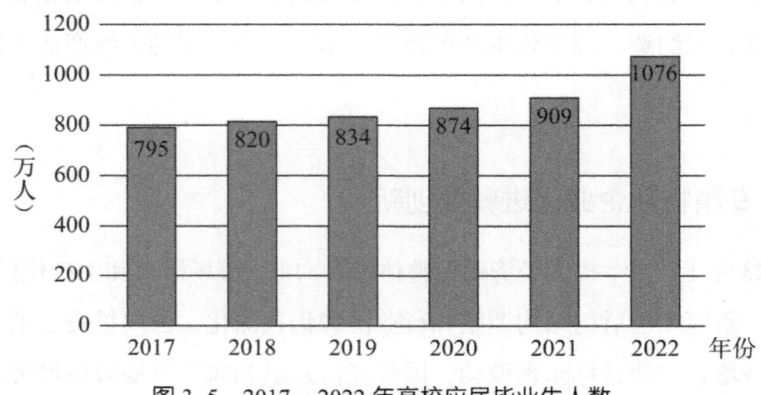

图 3-5　2017—2022 年高校应届毕业生人数

资料来源：央广网。

3.2.4　专精特新企业发展对维护社会稳定的意义

社会稳定是国家经济发展和社会进步的重要保障，而专精特新企业的发展在促进就业、推动经济增长、扩大社会福利、促进社会公平等方面都可以为社会稳定提供有力支持。因此，专精特新企业的发展对于维护社会稳定具有重要的战略意义。

专精特新企业作为我国经济发展的重要力量，还是我国重要的就业渠道。它们提供了大量的就业机会，尤其是对于毕业生、转行人员及那些想要挑战新领域的人来说。无论是人工智能、大数据还是生物科技等新兴行业，都有活跃的专精特新企业为社会提供了大量就业和创业的机会。这些就业机会帮助人们获得稳定的收入和生活保障，从而维护社会稳定。除此之外，专精特新企业往往处于行业的前沿，它们的创新活动和经济活动有助于推动经济增长。它们的发展也增强了社会的活力和创新能力，这有助于维护社会的稳定。

另外，专精特新企业的产品和服务往往能够满足社会公众的多元需求，提升人们的生活质量。政府通过加强对专精特新企业的支持，可以使产品市场更加多元化，不断满足人们的需求，提高人们的生活质量。例如，一些健康科技公司提供的产品和服务，如穿戴设备、健康管理 App 等，可以帮助人们更好地管理自己的健康。又如一些在线教育公司提供的教育资源和服务，可以帮助人们获取知识和技能，提升自我。专精特新企业的发展还有助于提升社会公平。例如一些提供微型金融服务的专精特新企业，可以帮助那些传统金融体系无法覆盖的人群获取金融服务，这有助于缩小贫富差距。

总体来说，发展专精特新企业具有重要的战略意义。专精特新企业可以促进经济增长、推动产业升级、促进就业创新和维护社会稳定。因此，政府和社会应该给予专精特新企业更多的关注和支持，为其发展创造良好的环境。

3.3　专精特新企业发展现状

专精特新企业是指在特定领域或行业内具备专业知识、技术和创新能力的企业，它们在经济发展中具有重要的地位和作用。2011 年，"专精特新"概念被提出，2013 年开始试点推广专精特新"小巨人"企业培育。专精特新企业作为我国经济的重要活动单元，对国内经济发展、产业升级和社会福祉等方面具有重要的促进作用。近年来，在国家政策帮扶以及各企业的努力下，我国专精特新企业发展迅猛，成为中国经济的重要力量。与此同时，当前市场环境的不断变化以及科技的进步给专精特新企业的发展带来了新的机遇和挑战。因此，对国内专精特新企业发展现状进行分析和研究，对于推动整个经济市场的发展至关重要。本节旨在分析我国现阶段专精特新企业发展的特点，描述其当前发展所面临的关键挑战、探讨未来机遇等。

3.3.1 我国现阶段专精特新企业发展特点

专精特新企业是指在特定领域或行业内具备专业知识、技术和创新能力的企业。作为我国经济发展的中坚力量，专精特新企业在促进国内经济发展、推动产业升级和社会福祉等方面具有重要的作用和意义。根据学者的研究和市场调查数据，我们发现当前我国专精特新企业主要以民营企业为主，企业主要分布在经济较为发达的东部地区，产业主要集中于制造业。

1. 专精特新企业主要以民营企业为主

国有企业和民营企业都是我国经济市场的重要组成部分，民营企业在我国经济发展中发挥重要作用。

创新驱动是企业发展的重要支柱。相较于国有企业，民营企业更具有创新性和灵活性。由于民营企业基本由企业经营者和管理者自主管理，它们可以自主选择资源的配置方式，可以根据市场的需求和变化快速调整自身的生产和经营策略，拥有更加灵活的资源调配能力。通常情况下，国有企业拥有着较大的资本实力和资源，同时享有财政资金、土地使用权等方面的政府优惠政策和支持。近年来，我国对专精特新企业的政策扶持使得专精特新企业呈现出"量质共进"的蓬勃发展局面。这也是我国专精特新企业中民营企业数量逐年攀升的另一主要原因。除此之外，民营企业的发展通常表现出较大的韧性。一方面，民营企业的管理者和经营者通常具有较强的自主创新能力和决策能力，这为企业整体宏观决策产生了巨大的积极影响；另一方面，民营企业通常具有强烈的顾客导向和市场导向,这不仅能够更好地满足顾客和市场的要求,还能帮助企业及时调整市场竞争战略,从而提高企业自身的竞争力。

2. 专精特新企业主要分布于经济较为发达的东部地区

我国专精特新企业主要呈现"东密西疏、南多北少",并逐渐向西、向北扩散的分布特征(丁建军等,2022)。专精特新企业分布极不平衡,集中分布于浙江、广东、江苏、山东等省市。绝大多数专精特新"小巨人"企业分布于我国东部地区,我国西部与东北地区拥有的专精特新"小巨人"企业数量相对较少(杨东日,2023)。第四批专精特新"小巨人"企业数量分布排名前十的省市如图3-6所示。

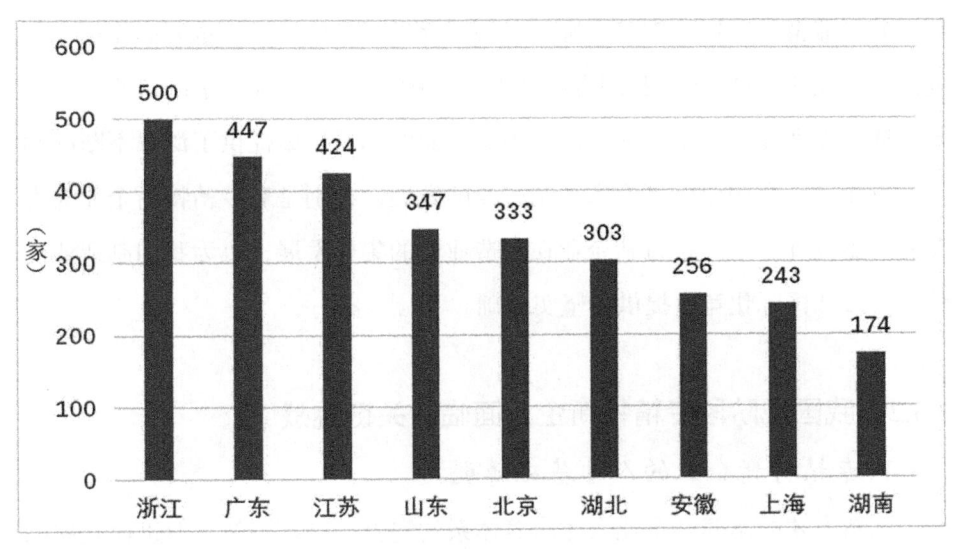

图 3-6 第四批专精特新"小巨人"企业数量分布排名前十的省市

资料来源:据工业和信息化部等部门数据整理。

东部沿海地区作为我国经济发展的重要区域,有着较为成熟和完善的产业链和创新生态链,吸引了大量专精特新企业,并为其成长和发展提供了一定的地理优势。除此之外,人口也是促进我国东部地区专精特新企业涌现的重要因素。我国人口呈现"东密西疏"的特点,因此东部地区的市场需求较为旺盛，人们的消费能力较强，从而吸引了不少创业者和管理者参与到东部"阵营"中。这使得国内东部地区专精特新企业的数量逐步攀升。

3. 专精特新企业的产业主要集中于制造业

制造业是我国经济的重要支柱，据统计，制造业增加值占我国GDP的比重长期保持在30%左右，对于经济增长和就业支撑具有不可替代的作用。特别是在"专精特新"发展理念的指导下，中小企业已成为制造业转型升级的重要力量。根据王宇静和张振裕（2023）的研究，专精特新企业主要集中在制造业，这是因为这些企业在传统技术和经验方面具有优势，使得它们在产品质量和工艺创新上不断取得突破。习近平总书记在致2022年全国专精特新企业发展大会的贺信中指出，希望专精特新企业聚焦主业，精耕细作，在提升产业链供应链稳定性、推动经济社会发展中发挥更加重要的作用。数据显示，截至2022年，我国专精特新企业中有超过60%属于制造业，这些企业通过专业化、精细化的生产，为制造业的创新发展提供了源源不断的动力。近年来，我国政府高度重视制造业的发展，特别是对专精特新企业大力支持，不仅促进了专精特新企业在制造业中的集聚发展，也为我国制造业的整体升级和国际化竞争提供了坚实基础。

3.3.2 我国现阶段专精特新企业面临的关键挑战

1. 专精特新企业的人才基础薄弱

创新人才的培养和企业人才培养体系的完善是专精特新企业迅速发展的重要保障。专精特新企业作为国内市场经济发展的重要支柱，在人才培养和人才保障方面应有更高的要求。然而，与大型企业相比，专精特新企业在人才福利保障方面缺乏竞争优势，对高端创新型人才的吸引力弱，难以通过合理的激励机制来壮大企业的人才队伍（胡海峰和窦斌，2023）。除此之外，当前就业形势的严峻和市场环境的不断变化使得专精特新企业中技术人才和专业人员的流失较为严重，给专精特新企业的发展带来了严重的负面影响。因此，企业需要加强人才引进和队伍建设工作，建设高效、低成本的人才引进机制，同时加强人才培养和权益保障，不断完善企业自身的现代企业制度和管理机制，营造良好的人才成长氛围。

2. 专精特新企业缺乏融资支持

随着支持专精特新企业发展的政策不断出台，政府在金融服务相关政策方面，总体布局了多层次的金融服务体系。然而，我国专精特新企业在融资方面依然存在较大的壁垒。据估计，42%的中小企业受到融资约束，仅53.1%的中小企业获得银行贷款，20%的中小企业贷款利率高于10%（岳鹄和刘涛，2021）。一方面，由于我国中小企业在创业初期往往资金匮乏，并且没有足够的固定资产和有形资产进行抵押，使得其缺乏融资支持；另一方面，专精特新企业由于自身的规模等局限性，往往会承担更高的金融风险，银行及其他融资机构可能会收取更高的费用，使得其难以负担自身融资成本。因此，专精特新企业需要拓宽融资渠道，积极寻找投资者，同时不断强化企业内部财务管理，精准实施财务控制奖惩机制，及时纠正财务控制中的误差等，从而降低企业财务管理的风险。

3. 专精特新企业的国际竞争力不足

专精特新企业作为我国市场经济发展中最具活力的力量，走上国际化发展道路是必然趋势。我国先后出台一系列政策鼓励中小企业不断向国际化发展。2019年4月，在国务院政策例行吹风会上，工业和信息化部副部长王江平提出要"坚持不懈支持中小企业国际化发展"，并介绍了支持中小企业对外合作与交流的一系列举措。然而，当前我国专精特新企业在创新和发展过程中依然存在技术创新力量不足、销售渠道不畅、资金资源有限以及国际贸易壁垒等方面的问题，较难适应国际化发展，进而表现出较低的国际竞争力。因此，面对形势多变且复杂的国际市场环境，专精特新企业必须增强自身技术创新能力,加强技术攻关,培养高素质的科研人才,同时积极寻找国际合作伙伴,开拓国际市场,建立稳定的销售渠道,扩大国际业务规模,以此增强自身的国际竞争力,提升在国际市场中的地位和影响力。

3.3.3 我国现阶段专精特新企业面临的机遇

当今时代,市场环境不断变化,机遇与挑战并存。当前全球经济增长放缓、贸易摩擦加剧以及国内经济结构调整和转型都为专精特新企业的成长和发展带来了新的挑战与机遇。国家通过出台一系列政策为专精特新企业的发展提供了后盾,信息技术和新技术的发展和应用为专精特新企业提供了强有力的竞争优势,国内外市场需求的增加为专精特新企业的发展带来了新动力。专精特新企业应牢牢把握发展中的机遇,推动高质量发展,为国内市场经济发展和产业结构升级做出贡献。

1. 政府加大政策支持力度,拓展合作平台

专精特新企业是我国经济发展的"重要支撑力量",国家十分重视其成长和发展。中央和地方政府对中小企业的支持力度不断加大,出台了一系列减税降费、创业担保贷款、科技创新基金等方面的政策和措施,并不断加以完善,为专精特新企业的高质量发展提供了重大支持。此外,随着政策的推动和国际合作的加深,专精特新企业迎来了新的发展机遇。政府积极拓展合作平台,鼓励企业与国内国际的大型企业、高校、科研院所等建立合作关系,共同进行技术研发和产品创新。这种跨界合作不仅提升了专精特新企业的创新能力,也为它们打开了更广阔的市场空间,增强了在国际竞争中的竞争力。因此,政府的政策支持和合作平台拓展,为专精特新企业带来了巨大的发展机遇。

2. 信息技术和新技术的发展和应用

党的二十大报告中明确指出,要"坚持创新在我国现代化建设全局中的

核心地位""强化企业科技创新主体地位,发挥科技型骨干企业引领支撑作用,营造有利于科技型中小微企业成长的良好环境,推动创新链产业链资金链人才链深度融合"。移动互联网的普及和电子商务的快速发展,使得中小企业能够更加便捷有效地与客户进行沟通和交流,拓展市场,同时也为中小企业提供了更多的销售渠道和商机。大数据、人工智能等新技术的应用,为中小企业提供了更多的创新和发展机会。通过利用大数据分析市场需求,中小企业可以更精准地制定营销策略;通过引入人工智能技术,中小企业可以提高生产效率和产品质量。

3. 国际市场需求增长

在全球经济逐步复苏的背景下,国际市场对中国中小企业的产品和服务有着较大的需求。除此之外,随着科技的不断进步和新技术的发展,人们的消费水平和消费习惯也在发生变化,这一变化促使国际市场推出新的产业商品和服务。因此,专精特新企业应该牢牢把握国际市场需求增加的机遇,通过参加国际展览、开展跨国合作等方式,拓展海外市场,实现更好的发展。

3.4 专精特新企业高质量发展对策

随着经济社会的发展,单纯的经济增长已经满足不了人们对高质量生活的需求。2017年,党的十九大报告中首次提出"高质量发展"这一表述,表明我国经济由高速增长阶段转向高质量发展阶段。2018年《政府工作报告》提出,"按照高质量发展的要求,统筹推进'五位一体'总体布局和协调推进'四个全面'战略布局,坚持以供给侧结构性改革为主线,统筹推进稳增长、促改革、调结构、惠民生、防风险各项工作"。2021年,在"两个一百年"奋斗目标历史交汇之时,习近平总书记强调"高质量发展"的重大意义。"十四五"

时期是全面建设社会主义现代化国家新征程的第一个五年，要深入贯彻新发展理念，加快构建新发展格局，推动高质量发展，为全面建设社会主义现代化国家起好头。2022年10月，在党的二十大报告中，习近平总书记强调，"高质量发展是全面建设社会主义现代化国家的首要任务"。发展是党执政兴国的第一要务。没有坚实的物质技术基础，就不可能全面建成社会主义现代化强国。

在转型升级的新时期，部分专精特新企业已逐步升级为隐形冠军企业，这表明企业的高质量发展对促进经济发展、惠民生具有重要的意义。随着经济的快速发展和市场竞争的加剧，专精特新企业面临着诸多挑战和机遇。在新时期，为全力培育专精特新"小巨人"企业，进一步推动中小企业群体高质量发展，须立足长远、统筹全面，从企业、政府、金融、社会等多个方面共同发力，综合推进中小企业成长（陆岷峰和高绪阳，2022）。专精特新企业高质量发展离不开国家政策的支持和保障。从政策发展历程可知，从提出"专精特新"概念至今，中央和地方政府都在不断完善顶层设计以支持专精特新企业的发展。本节从我国专精特新企业发展现状出发，从以下四个方面对专精特新企业高质量发展的对策进行描述。

3.4.1 不断优化政策支持

前文提到，专精特新企业的良好发展对促进经济增长和维持社会稳定有着重大的意义。为了促进经济持续增长和维持社会稳定，中央和地方政府出台各项政策来帮助专精特新企业成长和发展。这也意味着不断优化政府政策对于专精特新企业的高质量发展是十分重要且必要的。从我国出台的各项支持专精特新企业的政策措施中可以看到，当前我国对专精特新企业的发展十分重视，各项政策也在不断完善和优化。但是，市场不确定性以及社会环境的变化等因素也促使各级政府不断对政策进行完善和优化。因此，不断完善和优化中央和地方的政策是实现专精特新企业高质量发展的关键一环。例如，各级政府应加大对专精特新企业的财政支持，通过减税降费、优惠贷款和创新担保贷款等政策，为专精特新企业提供更多的财政和金融支持，此外，也可以通过设立专项资金来支持企业的研发和创新活动。

3.4.2 增强创新能力

创新是一个民族进步的灵魂，是国家兴旺发达的不竭动力。党的二十大报告提出："创新是第一动力"。对于专精特新企业来说，创新是其成长和发展的核心驱动力。专精特新企业作为优质中小企业的中坚力量，不仅是以技术创新推进企业高质量发展的关键主体，也是落实创新驱动发展战略的重要力量，其创新发展已成为国家经济发展的重要领域（王彦林和王莉，2023）。专精特新企业应通过加强科研创新和技术创新、培养创新人才和加强合作创新等一系列手段和方式来谋求高质量发展。

1. 加强科研创新和技术创新

加强科研创新和技术创新是专精特新企业高质量发展的关键一环。中小企业是我国社会主义市场经济的重要组成部分，改革开放以来，其一直是缓解我国就业压力、提高人民生活水平、推动国民经济高质量发展的中坚力量（钱宏胜，2023）。专精特新企业应加大科研投入，建立科研平台，吸引高级研究人员和专家团队，开展前沿技术研究和创新活动。此外，还可以与高校、科研院所等机构建立合作关系，共同开展科技研发活动。

2. 培养创新人才，实施创新人才战略

加强创新人才的培养和加强技术创新同等重要。随着国内市场竞争的不断加剧，企业之间的竞争逐渐变成技术的竞争和人才的竞争。因此，专精特新企业应加强人才引进和培养，建立完善的人才培养体系。一方面，企业需要制定合理的人才招聘战略和科学的选拔措施，进行人才引进。应通过实施具有计划性、长远性和前瞻性的人力资源战略，合理规划人力资源结构，完善人力资源政策，形成合理的选人用人机制（任力、章君和何苏燕，2023）。另一方面，加强员工的职业技能培养，并建立有效的培训机制和激励机制，创新人才培养模式。专精特新企业可以通过与高校、科研院所等机构合作，共同开展人才培养和科研活动，吸引和培养具有创新意识和创新能力的专业人才。

3. 加强合作创新，走合作创新之路

合作创新是指多个竞争优势较弱的企业通过整合资源的方式共同进行技术创新，从而提升竞争优势（孙胜难，2023）。在新一轮产业变革和高质量发展的关键时期，专精特新企业在发展过程中依然存在一定的壁垒和困境。专精特新企业之间的合作创新能够有效地减小竞争压力，实现良性竞争。专精特新企业之间可以通过共建实验室、共享技术专利以及相互参股等方式进行合作创新，实现互利共赢和高质量发展。

3.4.3 加强人才队伍建设

人才匮乏是制约专精特新企业发展的主要要素之一。因此，专精特新企业必须将加强人才队伍建设摆在企业发展的首要位置。专精特新企业可以通过加强专精特新人才引进、建立专精特新人才培养体系、建立良好的专精特新企业文化等来加强人才队伍建设，以谋求企业的高质量发展。

1. 加强专精特新人才引进

人才引进是专精特新企业人才队伍建设的首要环节。这就要求专精特新企业建立高效、低成本的人才引进机制，引进高级研究人员、技术人才和管理人才。专精特新企业可以通过与高校、科研院所等机构合作，引进具有创新意识和创新能力的人才。同时，加强人才培养和权益保障。专精特新企业应当完善自身的现代企业制度，如制定合理的管理制度和激励机制，充分调动人才的工作积极性，营造良好的人才成长氛围。

2. 建立专精特新人才培养体系

专精特新企业应建立完善的人才培养体系，包括内部培训、外部培训和岗位轮岗等方式。首先，企业可以通过培训来提升员工的专业技能和综合素质，提高团队的创新能力和执行力。其次，企业应建立激励机制，给予员工适当的薪酬激励和晋升机会。再次，企业应提供良好的工作环境和福利待遇，为员工创造良好的工作条件和发展机会。最后，企业可以通过股权激励、绩效奖励、培训补贴等方式，提升员工的积极性和创新能力。

3. 建立良好的专精特新企业文化

建立积极向上的企业文化有利于组织形成高度的凝聚力，进而提高工作效率。许多民营中小企业没有完善的规章制度，也没有长远的发展目标。有的企业虽然建立了党团及工会组织，但并没有很好地开展工作，致使企业人心涣散，企业员工仅仅停留在为谋生而工作的层面上（朱广学，2019）。专精特新企业应培育积极向上的企业文化，营造良好的工作氛围和培养团队合作精神，例如，可以通过组织团队建设活动、开展员工关怀和激励活动等来增强员工的凝聚力和归属感。

3.4.4 增强融资能力

随着支持专精特新企业发展的政策不断出台，我国在金融服务相关政策方面，总体布局了多层次的金融服务体系。企业生命周期理论表明，企业发展必经的四个阶段分别是初创期、成长期、成熟期和衰退期。专精特新企业一般为高新技术企业，处于新兴产业，行业发展较快，自身市场化程度也较高，生命周期特点显著（张吉光、陈舟楫和傅家范，2022）。在初创期，由于市场发展前景不明确且企业自身财务能力较弱，专精特新企业的融资需求较大。在成长期，专精特新企业财务状况相对好转，也初具市场竞争力，此时需要扩大融资来谋求更进一步的发展。专精特新企业通过拓宽融资渠道、寻找战略投资者、强化企业内部财务管理、加强与金融机构的合作等途径来增强融资能力，以谋求企业高质量发展。

1. 拓宽融资渠道，寻找战略投资者

当前，我国专精特新企业融资渠道单一，融资渠道主要是企业自身积累、银行贷款、证券融资等。然而，我国中小企业在初创期自身财务能力较弱且自我积累意识较差，使得部分中小企业负债率较高。另外，由于专精特新企业难以达到上市标准，很难通过证券市场进行融资。因此，当前我国专精特新企业应积极拓宽融资渠道，寻求多元化的融资方式。可以通过银行贷款、股权融资、风险投资等方式，以及与合作伙伴、供应商等建立合作关系，来获得资金和资源的支持。同时，专精特新企业可以寻找战略投资者，与其建立长期合作关系。战略投资者可以为企业提供资金支持、市场渠道和行业资源，助力企业实现快速发展。

2. 强化企业内部财务管理

企业若想持续参与市场竞争，就必须加强内部管理，其中对内部财务的管控是重中之重（彭文如，2023）。当前，我国专精特新企业在财务管理上依然存在着内部财务机制不健全、风险控制能力有限等问题，这些都加大了企业财务管理的风险。因此，专精特新企业需要通过制定完善的财务管理制度和流程、加强内部控制、精准实施财务控制奖惩机制和及时纠正财务控制中的误差等来降低企业财务管理的风险。同时，应加强财务分析和风险评估，及时调整经营策略，确保企业的财务健康和可持续发展。

3. 加强与金融机构的合作

近年来，金融机构参与专精特新企业数字化转型工作的例子数不胜数。加强专精特新企业与金融机构的合作，是专精特新企业高质量发展的重要保障。专精特新企业可以与银行、证券公司等金融机构建立合作关系，获取更多的金融服务和支持。例如，可以通过申请银行贷款、发行债券等方式，获得资金支持。此外，还可以与金融机构合作开展金融创新和金融产品开发，提升企业的融资能力和金融风险管理能力。

总之，专精特新企业要实现高质量发展，必须增强创新能力、加强人才队伍建设以及增强融资能力。通过这些措施，专精特新企业才能提升自身的竞争力，实现持续健康发展。与此同时，专精特新企业的高质量发展需要政府提供有力的政策支持。政府应根据专精特新企业的特点和需求，制定有针对性的政策措施，为企业的高质量发展提供有力保障。此外，政府还应加大对专精特新企业的宣传推广力度，提高社会对专精特新企业的认知度和支持力度，形成全社会共同关注和支持专精特新企业发展的良好氛围，推动专精特新企业实现高质量发展。

3.5 本章小结

本章对我国专精特新企业的支持政策和发展现状进行了描述和分析，同时揭示出其在促进经济增长、推动产业升级、促进就业创新和推动社会稳定方面具有重要的战略意义，并对专精特新企业高质量发展提出了对策和建议。总结如下。

（1）我国出台的一系列政策在促进专精特新企业高质量发展方面具有显著成效，但部分民营企业依然存在资源短缺、资金支持不足等问题。因此，不断完善和优化中央和地方的政策依然是实现专精特新企业高质量发展的重要一环，继续深入优化政策支持对促进专精特新企业创新性发展具有重要意义。

（2）培养创新人才依然是专精特新企业成长和发展的重中之重。作为世界第一人力资源大国，我国却存在人员结构不合理的现象。据此，我们必须培养创新人才，实施创新人才战略，不仅要加强人才引进，更要建立完善的人才培养体系，为专精特新企业高质量发展提供人才基础。

（3）在新一轮产业变革和高质量发展的关键时期，专精特新企业在发展过程中依然存在一定的壁垒和困境。对于专精特新企业来说，创新是其成长和发展的核心驱动力。专精特新企业必须不断加强技术攻关和技术创新，同时积极寻找国际合作伙伴，加强合作创新，开拓国际市场，建立稳定的销售渠道，扩大国际业务规模，以此增强国际竞争力，提升在国际市场中的地位和影响力。

第 4 章

专精特新企业数字化转型的时代背景

为应对百年未有之大变局，以国内大循环为主体、国内国际双循环相互促进的新发展格局应运而生，同时"专精特新"概念被提升到国家战略层面。在此背景之下，专精特新企业要想实现高质量发展，就需要进行优势重塑。数字化转型是专精特新企业重塑竞争优势的关键，通过这一转型，企业能够满足精细化和新颖化建设的具体要求。

4.1 国内国际双循环新发展格局

4.1.1 国内国际双循环发展格局的提出背景

1. 国际能源、气候与粮食危机问题

在新冠疫情以及地球极端天气频发的背景下，全球能源与粮食供应严重失衡。极端天气导致对能源的需求扩大，与此同时前期投资的不足又导致能源供给不足。2021 年欧洲出现电力与天然气短缺，能源价格开始飙升，在不到 4 个月的时间内上涨了 2.6 倍。经济合作与发展组织（OECD）发布的《世界经济展望》强调，能源危机将严重影响全球经济增长。全球粮食分配不均是粮食危机的主要原因之一。根据联合国世界粮食计划署发布的报告，截至 2022 年 6 月，已有 82 个国家约 3.45 亿人面临严重的粮食不安全问题。粮食是社会民生的重要基础，没有粮食，社会稳定与发展将面临巨大挑战。

我国国土面积广阔，是受气候变化影响较为严重的国家。作为能源进口

大国和粮食出口大国，能源和粮食体系也同样面临严峻挑战。我国需要加强能源与粮食自给自足的能力，同时继续深化国际合作，增强能源与粮食体系应对风险的韧性，保障能源与粮食安全。作为全球政治经济大国，也作为全球能源与粮食的重要利益方，中国始终从社会经济发展与增进人民福祉的角度去解决全球能源与粮食问题，积极承担国际责任。

2. 中国经济总量崛起

如图 4-1 所示，2019 年全年国内生产总值（GDP）按不变价格计算，比上年增长 6.1%。2018 年，我国经济总量突破 90 万亿元，在 2020 年突破 100 万亿元。在向第二个百年奋斗目标迈进的历程中，我国已然成长为一个实力雄厚的经济大国，成长为如今超百万亿元规模的世界第二大经济体，创造了人类历史上的又一个奇迹。

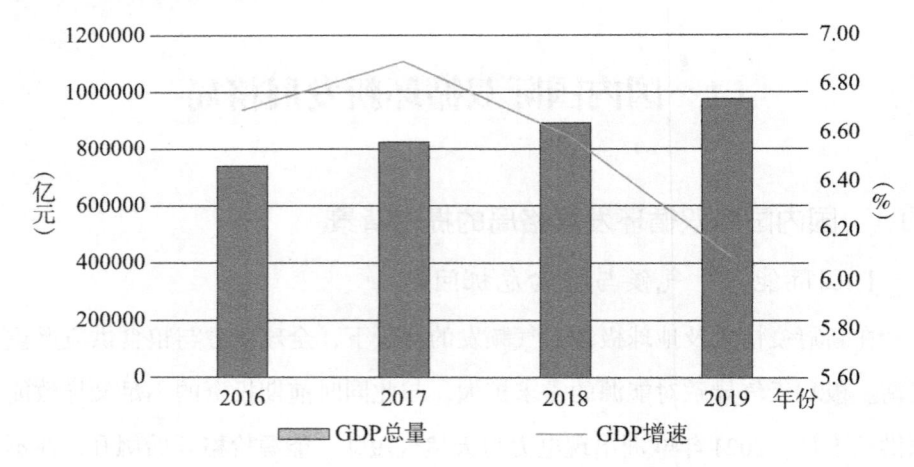

图 4-1　2016—2019 年国内生产总值及其增速

在巨大的经济总量之下，我国拥有超大规模市场优势，内需在经济发展中的地位越来越高，且随着经济运行的恢复，市场主体只会更加活跃，内需潜力进一步扩大，中国经济对外的依赖程度必然越来越低，未来的经济发展更多地依靠内需的拉动。如图 4-2 所示，根据国家统计局的数据，在 2016—2019 年，内需对经济增长的贡献率在 90% 以上，在 2018 年达到了

108.60%，四年年平均贡献率在 100% 以上，与此同时 2016—2019 年货物和服务净出口的年平均贡献率几乎为 0，在 2016 年和 2018 年甚至出现了负增长。在国际形势不确定性增多、经济格局发生重大变化的情况下，我国经济仍然能实现高速发展，主要就是靠内需的推动。实际上自 2008 年国际金融危机以来，我国经济已经在向以国内大循环为主体转变，通过发挥内需潜力，使国内市场和国际市场更好地联通，更好地利用国内国际两个市场、两种资源是发展经济的最佳选择，从而实现更加强劲可持续的发展。

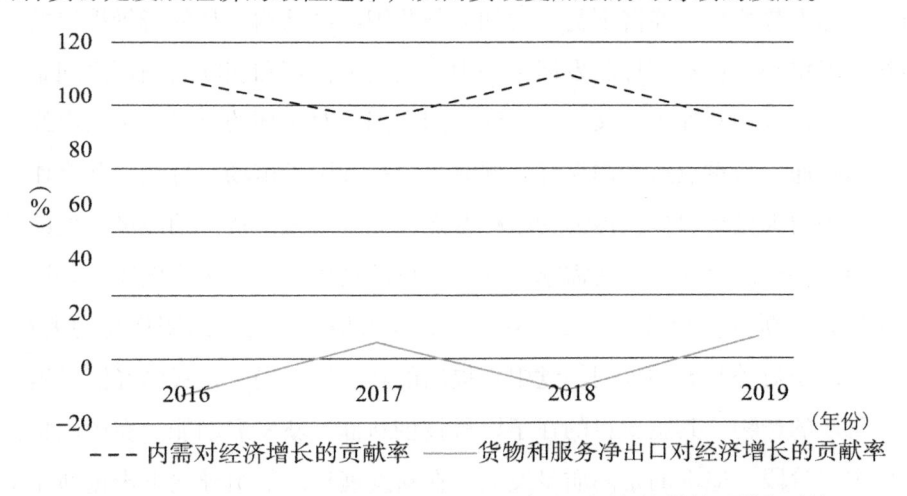

图 4-2　2016—2019 年内需、货物和服务净出口对经济增长贡献率对比

4.1.2　国内国际双循环新发展格局的内涵、优势及作用

2022 年，党的二十大报告中明确提出要加快构建国内国际双循环新发展格局，推动中国经济的高质量发展。加快构建新发展格局，是着眼于我国长远发展的重大战略部署，可以使我国实现更高质量、更高效、更加持续的发展，对于实现中国经济高质量发展与全球经济共同繁荣都有着深远的影响。

1. 国内国际双循环新发展格局的内涵

2020 年 5 月，中共中央政治局常务委员会议提出"深化供给侧结构性改革，充分发挥我国超大规模市场优势和内需潜力，构建国内国际双循环相互促进的新发展格局"。这绝不是封闭的国内循环，而是构建以国内大循环为主体，实现国内国际双循环相互促进。这是新形势下为了畅通国民经济循环而构建的一种新发展格局。更加开放的国内国际双循环，不仅是中国自身发展的需要，而且将造福各国人民。抓住当前经济社会发展中的关键和枢纽，正确认识新发展格局的深刻内涵和重要性，是更好地构建新发展格局的前提。双循环新发展格局既不同于中华人民共和国成立初期我国奉行的"自力更生"内循环模式，也不同于改革开放后以对外开放为主的外循环模式，而是基于当前国际形势严峻、经济下行压力加大与我国经济结构调整的背景提出的一种新发展格局。在双循环新发展格局中，国内大循环和国际大循环之间是辩证统一的，既相互促进，又相互制约。国内国际双循环的重点在于国内经济循环的畅通，将重点放在内循环，同时也要打开国际市场，打造国际合作新优势。国内大循环以扩大内需为战略基点，能够增强消费拉动经济发展的基础作用，创造出巨大的市场需求，强化市场的规模效应和集聚效应，并诱发企业加大创新投入和研发努力。双循环新发展格局不是走封闭僵化的老路，更不是缩小对外开放的大门。党中央提出的新发展格局，是我国经济发展进入新阶段的产物，其主要目的在于以科技创新催生新发展动能。在中国特色社会主义阶段，追求的是高质量发展，在新发展理念的引导之下走创新驱动发展之路。中国经济发展到今天，科技创新一直是短板，核心技术一直以来被美国等国家垄断，科技创新的突破只能靠自己，因此畅通国民经济大循环是重点，自力更生搞科技创新是当务之急。但"靠自己"绝不是关起门来搞技术，我国已融入世界经济大潮之中，国际分工能够为国内经济带来许多好处和便利，我们对外开放的大门只会越来越大，一个互利共赢的时代离不开合作。因此，国内国际双循环新发展格局是顺应我国经济发展新阶段、重塑我国国际合作和竞争新优势的战略抉择。

2. 国内国际双循环新发展格局的优势、作用

（1）优化国内产业链，促进经济发展。着眼国内循环发展中存在的供需不平衡不匹配问题，通过供给侧结构性改革，推动国内需求体系的细分，分

别满足消费者高中低层次的需求，从而实现国内大循环市场格局更加合理有序，更加高效匹配。高质量的国民经济循环，少不了产业链与供应链的畅通。党中央曾多次强调我们要维护产业链与供应链的稳定，既要畅通国内产业链，着力促进产业基础高级化、产业链现代化，也要加强国际协调合作，维护国际产业链与供应链的安全稳定，保证国内国际两个循环的畅通，从而实现我国经济的良性循环发展。首先是推进产业链集群发展，这一点在新冠疫情期间就有显著苗头，例如成渝地区在制造业领域开展协作，已经形成了良好的协同效应，部署启动了世界级智能网联新能源汽车产业集群建设，软件和信息服务业"满天星"发展，深入开展创新能力提升、数智技术赋能、绿色低碳转型、优质企业培育等行动，同时加强协同，成功争取到了成渝地区电子信息先进制造集群、国家网络安全产业园区（成渝地区）等国家级重大工程和重要试点示范。这种集群化的生产模式降低了从世界各地采购零部件的风险，在新冠疫情期间彰显出强大的生命力，一些企业的订单不但没有下降，反而出现增长。其次是推进供应链数字化，供应链数字化可以使企业在供应链中断的情况下继续制定企业战略。下一阶段的业务是更加注重数字基建、云服务、物联网、远程链接，打造数字经济新优势；鼓励企业结合自身需求，灵活实施数字化转型战略。

（2）促进世界大市场水平提升。保持国际供应链的畅通，在稳定国际供应链中提升国内产业链供应链层次，做好稳外贸、稳外资工作，开拓多元化国际市场。落实外商投资法，抓好标志性重大外资项目落地，扩大金融等服务业对外开放，为对外贸易发展营造良好的国际环境。加大信贷投放，扩大出口信用保险覆盖面，降低进出口合规成本，支持出口产品转内销。加快跨境电商等新业态发展，提升国际货运能力。积极参与全球经济治理，维护全球供应链稳定。深化对外开放，从构建人类命运共同体的高度，积极开展国际合作。

（3）帮助企业形成自身优势。首先，各企业在世界经济衰退的大环境下，要对我国经济保持信心，相信在"双循环"的主旋律之下，我国经济一定能克服困难,向好发展。其次,国家会出台许多政策促成双循环新发展格局,企业可以利用政策优势,在创新领域加大投入,与其他高科技企业、高校、科研机构合作开展技术攻坚,寻求技术突破,以保持在市场上的竞争优势。在新一轮科技革命到来之际,我国企业更要抓住机遇,提升自身技术实力,争取在数字领域取得重大突破。随着我国在新兴技术领域的研究成果越来越多,我国企业不仅可以在国际市场上掌握更多话语权,而且"双循环"的效率也可以实现大幅提升。"自主创新＋现代制造"将使制造业深度融合的范围更广阔,将以此衍生出更多的新业态、新模式和新产业,扩大国内市场规模,形成虹吸效应,让更多有自主创新能力的人才自由充分流动。最后,企业应从大规模的国内市场中挖掘潜在需求,从需求中寻找机会,获得更广阔的发展空间,同时企业要以我国完整的工业体系和丰富的专业人才资源为依托,在各个细分领域做到最好,逐渐掌握在国际产业链中的话语权。

4.2 国家优先战略

4.2.1 "专精特新"国家战略的提出及其内涵

"专精特新"即专业化、精细化、特色化以及新颖化,而专精特新企业是指具有前述四大典型特征的中小企业。其灵魂是创新,底蕴是科技实力。

2011年,"专精特新"概念被首次提出后,随后工业和信息化部在《"十二五"中小企业成长规划》中提出将"专精特新"作为中小企业转型升级的重要途径。2018年,工业和信息化部开展了首批专精特新"小巨人"企业培育工作。2021年7月,中央政治局会议首提发展专精特新中小企业。到2021年9月,随着北京证券交易所的设立,发展专精特新中小企业已逐步上升为国家级战略。2022 年 6 月，工业和信息化部印发《优质中小企业梯度培育管理暂行办法》，统一明确了创新型中小企业、专精特新中小企业、专精特新"小巨人"企业的认定标准，这是国家相关部门下发的关于"专精特新"的又一重大文件，也是在前面的政策基础之上的细化。自首次提出"专精特新"概念之后，相关政策陆续发布，在原来的政策基础之上持续细化，足以体现出"专精特新"系列思想的战略地位。政府部门在报告中提出要着重培育专精特新企业，加大资金、人才等支持，随后"专精特新"相关概念也被各地写入《政府工作报告》中。不仅如此，全国各地，上到市，下到区县，也都接连出台各项扶持举措，包括资金奖励、财政补贴、低息贷款等。2022 年《政府工作报告》中指出："着力培育'专精特新'企业，在资金、人才、孵化平台搭建等方面给予大力支持。推进质量强国建设，推动产业向中高端迈进。"同时指出了四个方面的重点，即提升科技创新能力、加大企业创新激励力度、增强制造业核心竞争力和促进数字经济发展。而在增强制造业核心竞争力中，着力培育"专精特新"企业被作为重要内容之一。

4.2.2 "专精特新"上升为国家战略的原因

1. 中小企业面临困境

我国中小企业发展面临许多亟待解决的问题，例如企业定位不明确、科技创新成果不足、自主产权意识薄弱、产品竞争力有限、企业对抗风险的能力弱等。在世界经济环境不景气的情况下，这些问题愈加严重影响到了中小企业的生存，加上新冠疫情带来的各种不确定性，中小企业的发展趋势总体向下。与此同时，我国制造业规模很大，但实力不强。中小企业作为制造业产业链中的重要组成部分，对市场需求反应灵敏，是创新的主力军和重要源泉。但由于近年来美国贸易保护主义抬头，我国众多高新技术企业受到严重打压。因此，我国企业技术创新不仅关乎生存，更关乎发展。我国的企业处在凤凰涅槃、浴火重生的关键阶段，向"专精特新"发展已经成为中小企业摆脱困难、顺应环境的必然选择。"专精特新"为中小企业提供了新的发展思路，指明了发展的道路。只有走"专精特新"发展道路，拥有自己的"一技之长"，中小企业才能在竞争激烈的市场上有一席之地，从而有力应对发达国家的经济威胁。

自2011年"专精特新"概念提出以来，各地政府部门不断出台政策，推进中小企业走"专精特新"发展道路，"专精特新"的政策热度不断提升、支持力度逐渐加大。从具体支持措施看，根据《关于促进中小企业"专精特新"发展的指导意见》，相关部门将从财税金融支持、服务体系、市场活动、企业培育和工作机制五个方面推进中小企业走"专精特新"之路。根据《工业"四基"发展目录（2016年版）》，"专精特新"发展要围绕《中国制造2025》十大重点领域，并着力突破包括核心基础零部件（元器件）、关键基础材料、先进基础工艺以及产业技术基础在内的工业"四基"。

2. 提升我国产业链供应链的韧性需要中小企业的创新

提升产业链供应链的韧性，是实现产业链供应链安全和稳定的重要保障。要围绕制造业重点产业链，找准关键核心技术和零部件薄弱环节，集中优质资源合力攻关，保证产业体系自主可控和安全可靠，确保国民经济循环畅通。产业链供应链有韧性主要指其受到外部冲击后能恢复原样甚至达到更理想的状态，在极端情况下能够有效运转，在关键时刻能够反制封锁打压，并能够从价值链中获利。而处在产业链中低端的我国制造企业，其主要表现为缺乏自主创新的核心技术。一些产业严重依赖国外，尤其是具有战略意义的重大装备制造业，如发动机、精密仪器、医疗设备等高技术含量和高附加值产品主要依赖进口；在信息、生物、医药等产业领域的核心专利上，基本上受制于人；关键材料、工业软件、检验检测平台等领域都有难以克服的瓶颈。如果长期依赖国外技术或产品，必然导致日趋严重的技术空心化问题，给我国的产业及产业链安全带来隐患。通过科技创新，提升企业的核心竞争力，提高我国产业链供应链的韧性，是我国制造业亟待解决的问题，也是唯一现实可行的发展之路。

3．"专精特新"能够引领中小企业高质量发展

近年来，工业和信息化部建立了创新型中小企业、专精特新中小企业、专精特新"小巨人"企业等优质企业的梯度培育体系。截至2021年，已经培育了三批4762家专精特新"小巨人"企业，带动各地培育省级专精特新中小企业4万多家。专精特新企业是中小企业群体中的先进代表，常年保持较高的研发投入和创新水平，是创新的主力军和重要源泉。培育专精特新企业有助于激发企业创新活力，推动制造业高质量发展。中小企业是科技创新的主力军，一定离不开专精特新企业的重要带动作用。如图4-3所示，2022年工业和信息化部赛迪研究院发布的数据显示，专精特新创新指数在2019—2022年都保持较高的水平，在2021年4月达到了242.15，出现大幅回升。随着政策的加速落地和促进大中小企业融通创新"携手行动"的快速实施，企业创新环境不断优化，创新动能加速释放，产出效率明显提升。

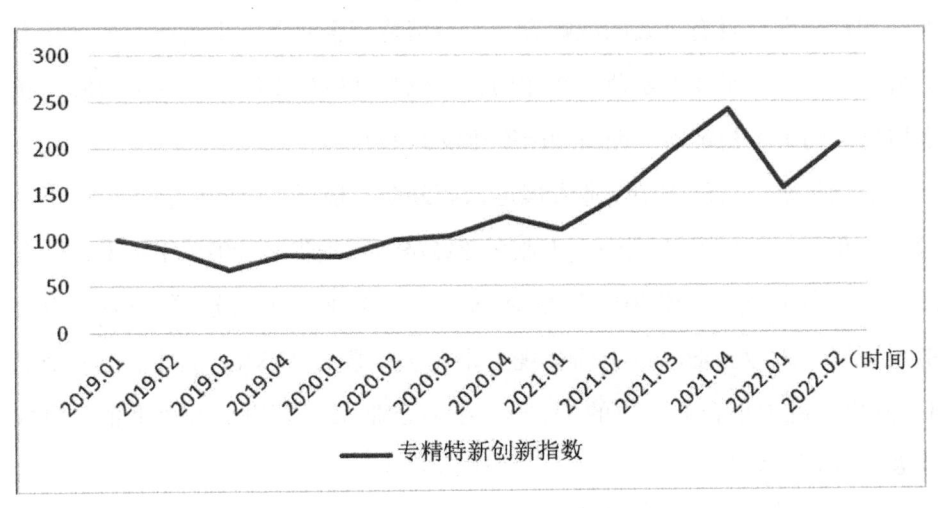

图4-3 2019—2022年第一季度中国专精特新创新指数

大力发展专精特新企业，发挥这些企业在知识产权创造和运用方面的积极作用，有助于提升产业基础能力和产业链现代化水平，实现从产业链低端环节向高端环节跃升。例如，上海某生物工程股份公司通过系统与机械的有效整合对接，加强对生产过程的控制，实现生产自动化、智能化、网络化，避免了人为操作给生产带来的批次不稳定性，降低了操作失误率，提高了工作效率，保障了产品质量。推动中小企业向"专精特新"发展已成为全面贯彻新发展理念，构建新发展格局，推动供给侧结构性改革的重要抓手。

4.3 专精特新企业高质量发展与优势重塑

4.3.1 专精特新企业高质量发展

1. 专精特新企业的发展态势

中小企业是实施大众创业、万众创新的重要载体，在增加就业、促进经济增长、科技创新、维护社会和谐稳定等方面具有不可替代的作用，对国民经济和社会发展具有重要的战略意义。专精特新企业是中小企业中最具活力的群体，发挥着重要的示范引领作用，已成为高质量发展的重要动力源、新发展格局的关键稳定器和创新型国家建设的生力军。

但近年来，我国中小企业发展进入瓶颈期。根据工业和信息化部中小企业局发布的《2019年中国中小工业企业经济运行报告》，2019年年末，共有36.4万户中小企业，较2018年减少4883户，企业数量连续两年下降，占全部规模以上工业企业（以下简称规上企业）户数的97.8%。其中：中型企业4.3万户，占中小企业户数的11.8%；小型企业32.1万户，占中小企业户数的88.2%（图4-4）。

第 4 章　专精特新企业数字化转型的时代背景

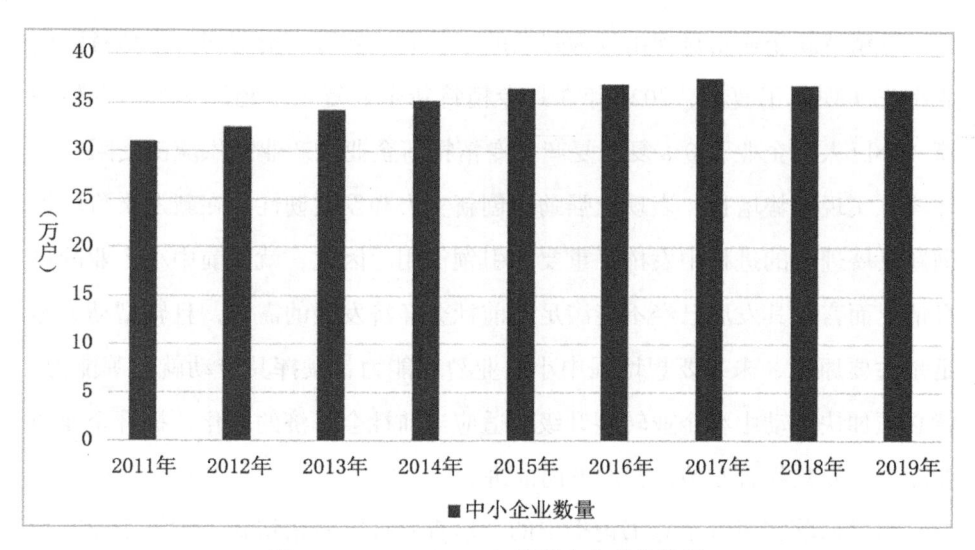

图 4-4　2011—2019 年我国中小企业数量

如图 4-5 所示，2019 年，中小企业亏损总额 5981.6 亿元，同比增长 8.9%，增速同比回落 6.3 个百分点，比同期规上企业增速（16.0%）低 8.9 个百分点，比大型企业增速（30.9%）低 22.0 个百分点。其中：中型企业亏损总额 2756.3 亿元，同比增长 11.2%；小型企业亏损总额 3225.3 亿元，同比增长 7.1%。

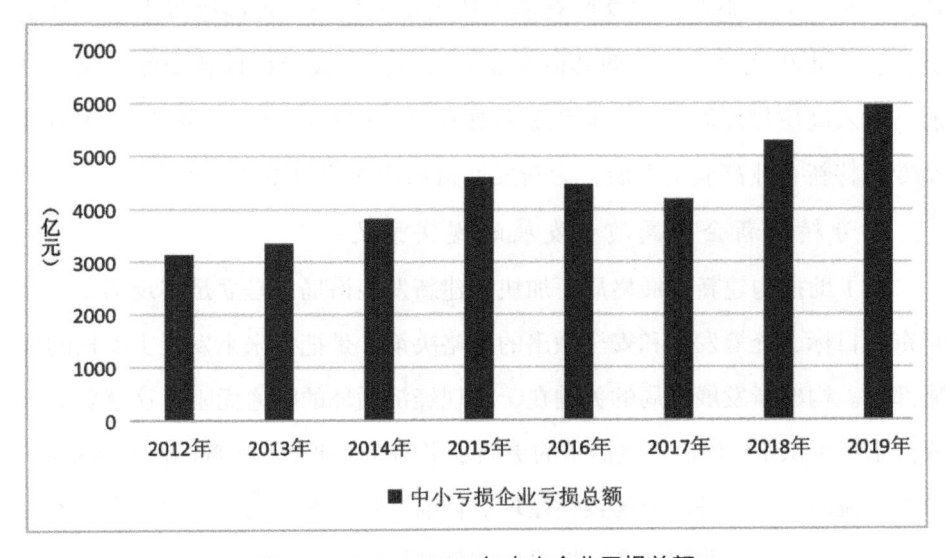

图 4-5　2012—2019 年中小企业亏损总额

专精特新企业则显现出较为强劲的生长力。新冠疫情期间，专精特新企业率先实现复工复产，2020年3月专精特新企业复工率超过98%，专精特新"小巨人"企业100%复工复产。专精特新企业在产业链供应链受阻的大环境下实现逆势增长，表现出强劲的创新实力和发展韧性，在新发展阶段贯彻新发展理念的进程中发挥了重要的引领作用。因此，就目前中小企业的自身情况而言，其发展已经不能满足当前社会经济发展的需要，且转型动力不足是主要原因，未来要想增强中小企业盈利能力，发挥其带动就业等能力，就必须加快推动中小企业转型升级，适应当前社会经济的变化，提升企业内在能力，使其朝着专精特新的方向前进。

为贯彻落实习近平总书记提出的"培育一批'专精特新'中小企业"的重要指示精神，财政部、工业和信息化部为专精特新企业高质量发展提供了中央财政资金方面的支持。2021年发布的《关于支持"专精特新"中小企业高质量发展的通知》明确提出，2021至2025年期间，中央财政为引导地方完善扶持政策和公共服务体系，分三批重点支持1000余家国家级专精特新"小巨人"企业，使这些企业发挥出示范作用，提高服务水平，聚集资金、人才和技术等，带动其他企业成长为国家级专精特新企业。我国目前已进入高质量发展阶段，必须紧紧抓住科技创新这个"牛鼻子"，大力推动专精特新企业高质量发展，为新发展格局注入源源不断的动力。

2. 专精特新企业高质量发展的现实意义

（1）助推构建新发展格局。加快构建新发展格局，是立足实现第二个百年奋斗目标、统筹发展和安全做出的战略决策，是把握未来发展主动权的战略部署。构建新发展格局的关键在于实现经济循环的畅通无阻。这就要求形成需求牵引供给、供给创造需求的更高水平的动态平衡，实现国民经济生产、分配、流通、消费各环节的良性循环。目前，我国在大国竞争中实力还不够强大，主要是因为我国在产业链供应链创新链方面还有短板，而专精特新企业注重细分领域，专注于产业链上某个环节，聚焦核心主业，创新能力、创新活力和抗风险能力较强，有助于弥补我国在产业链供应链创新链方面的不足。另外，专精特新企业强调专业化程度，以确保在细分市场上取得全球领先地位，能够在国际竞争中发展成为具有竞争力的跨国企业，形成强大的竞争优势。专精特新企业高质量发展有助于推动经济健康稳定发展，为构建新发展格局奠定坚实基础。

（2）引领国家科技创新。专精特新企业的灵魂在于创新。专精特新企业之所以能够弥补我国产业链供应链创新链方面的短板，是因为他们高度重视创新，并且进行了大量投入。2021年，国务院新闻办举行国务院政策例行吹风会，时任工业和信息化部副部长徐晓兰介绍，专精特新"小巨人"企业内部研发人员比例高达25%，平均研发强度超过7%，年研发投入在1000万元以上的超过50%，并且在新一轮技术革命到来之际，专精特新中小型企业还将发挥出更强大的创新创造活力。专精特新企业专注于特定细分领域，形成竞争优势，用技术创新赢得市场，培育好这类企业是中国打赢关键核心技术攻坚战的重要法宝，也是使中国制造不仅"大"而且"强"的关键。中小企业由小变大、由大变强、由强变优的清晰路径是提升企业技术创新能力、深耕细分领域、提高市场竞争力，推动企业走专精特新发展道路，且进一步培育细分领域的品牌优势，巩固与提高在全球市场的竞争地位。我国大多数科技创新产品都来自中小企业，与大企业相比，中小企业更加注重创新成果的落地实施，许多科研机构与中小企业合作的意愿更强烈。专精特新企业是众多中小企业中的"领头羊"，在科技创新方面处于行业前沿，是国家科技创新的主力军。

4.3.2 专精特新企业高质量发展的优势重塑

推进专精特新企业高质量发展是全社会关注的焦点。首先，各地政府相继出台相关政策，加大对这类企业的支持力度，然而在政策方面仍然存在许多问题，具体包括：政策覆盖范围不够全面；无相应的配套措施，使得政策仅仅停留在表面；忽略企业内部的长期发展；等等。其次，中小企业转型困难，如数字化进程缓慢、转型路径不清晰等。最后，目前针对专精特新企业人才引进的配套措施尚不完善，高技能人才及其配偶落户、就业以及子女教育、住房等现实问题的存在，导致人才引得进、留不住。因此，必须进行专精特新企业优势重塑，使其更具竞争力，从而实现高质量发展。进行优势重塑可以通过以下几个路径。

1. 优化机制，强化政策支持

专精特新企业是保持我国供应链稳定的主力军，做好专精特新企业的培育工作尤为重要，各地方应避免功利性思想，不搞"揠苗助长""大水漫灌"。各地政府应针对不同发展阶段企业的特点与需求，因地制宜，合理设置专精特新企业发展目标，推出最适合当地的支持专精特新企业高质量发展的政策，在不断积累经验的过程中形成示范典型。政府应发挥好自身的服务特性，做到主动找企业，根据每个企业的具体情况制定配套政策，提高政策精准度；加强对工作人员的培训，从而提高服务意识与服务能力；在政策上要鼓励中小企业走专精特新高质量发展道路，并将中小企业培育纳入官员绩效考核标准中，进一步激发当地企业的活力。

2. 优化人才培养机制

对于专精特新企业而言，人才不足是当前普遍面临的问题，也是亟待解决的问题，其中专业人才不足是比较严峻的问题。专业人才可细分为企业家人才和创新型人才。大部分专精特新企业都是创业型企业，所以拥有企业家精神和冒险精神的企业家人才是不可或缺的；而创新型人才在任何一种企业都是相当宝贵的，创新型人才不足会直接导致企业后续创新动力不足。人才是发展的核心驱动力，要解决人才不足问题，需要从供求两端同时发力。各地政府应该完善人才引进政策，推动校企合作，鼓励和引导高校、科研院所等机构的各类专家服务于专精特新企业,以专家服务团等方式对接专精特新企业的需求;学校应对运营人才、管理人才、技术人才等分类培养,为学生提供实习机会以提升其实践能力,为日后的工作打下较为坚实的基础,同时与专精特新企业进行合作,展开专场人才招聘会;企业自身也要搭建人才培养体系,建立一个较为完善的人才晋升及补给渠道,以良好的发展前景、完善的晋升通道与积极的创新氛围作为招牌来吸引专业型人才。

3. 加快企业数字化转型

专精特新企业高质量发展的优势重塑,要牢牢抓住"数字化"这个关键方向。专精特新企业在中小企业这个群体中是最具有竞争实力和创新潜能的,而数字化是引领各中小企业走向专精特新的重要手段,是实现社会经济高质量发展的引擎。专精特新企业进行数字化转型,包括底层数字技术研发和数字技术应用,不仅有助于提升企业创新绩效,而且有助于提升企业创新效率。根据新华网报道,截至2021年,全国三批共计4762家专精特新"小巨人"企业信息系统执行率达到100%,业务系统云端迁移率超六成,率先成为数字化赋能的标杆中小企业,并形成了卓有成效的探索路径。一是以数字化实现产品经营重塑与服务创新增值;二是以数字化驱动生产和运营变革,实现更高的效率、柔性生产和成本节约;三是以数字化创新生产组织方式与商业模式,提升企业的资源获取能力。这些探索使更多的中小企业有条件成为有创新产品、先进技术和独特供应的专精特新企业。2022年6月以来中国信息通信研究院深度参与专精特新企业培育的顶层设计,支撑中小企业数字化转型的相关政策与标准的研究与制定,积极响应国家17个部门联合发起的数字化转型伙伴行动,服务中小企业数字化转型。中国信息通信研究院将着力发挥国家级大众创业、万众创新示范基地和国家级中小企业公共服务示范平台的优势,与新华网等单位一道,为中小企业数字化转型提供专业技术、生态培育与公共平台等服务,着力推进专精特新企业数字化转型和高质量发展的步伐。

4.4 专精特新企业数字化转型的重要价值

4.4.1 专精特新企业数字化转型的内涵

数字经济是当前社会的主要经济形态，与农业经济、工业经济等具有显著的不同，是以数据资源为关键要素，以现代信息网络为主要载体，以信息通信技术融合应用、全要素数字化转型为重要推动力，促进公平与效率更加统一的新经济形态。在国内国际经济形势变化的背景之下，我国专精特新企业面临创新动能不足等问题，以数字化转型为方向，提升内在动力，是专精特新企业的必由之路。

许多学者都从不同的角度定义与介绍了数字化转型。李雯轩等（2022）认为数字化转型是指数字技术与经济社会的深度融合，是利用数字化的技术和产品，全方位地改造人类生产、生活，是在机械化、信息化、网络化的基础上，利用各种数据信息对社会组织、生产方式进行数字化更迭。陈再齐等（2023）的研究发现，通过管理赋能、融资赋能、创新赋能与生产赋能，数字化转型显著促进了中国企业的国际化发展，有助于中国企业高质量"走出去"；数字化转型能够有效提升企业风险承担水平，对于小型企业、处于成长期和成熟期的企业以及民营企业，数字化转型对企业风险承担的强化作用更显著。

许多国家都将中小企业数字化转型提升到国家战略层面。例如，德国早在2014年就制订了中小企业数字化转型的行动计划；日本也十分重视数字经济发展，全力推进"数字新政"；法国制订了经济复苏计划，划拨3.85亿欧元支持企业数字化融资。在数字化转型成为全球经济热点的背景下，作为我国中小企业佼佼者的专精特新企业，其数字化转型迫在眉睫，需要在新发展理念下激发企业内在动力。与此同时，政府需要提高公共服务水平，建立健全中小企业数字化转型生态圈，进一步加快专精特新企业数字化转型步伐。

2021年3月通过的《中华人民共和国国民经济和社会发展第十四个五年规划和2035年远景目标纲要》提出，"以数字化转型整体驱动生产方式、生活方式和治理方式变革"，为新时期数字化转型指明了方向。国务院于2022年1月印发《"十四五"数字经济发展规划》，提出实施中小企业数字化赋能专项行动，支持中小企业从数字化转型需求迫切的环节入手，加快推进线上营销、远程协作、数字化办公、智能生产线等应用，由点及面向全业务全流程数字化转型延伸拓展。2022年11月，工业和信息化部印发《中小企业数字化转型指南》，为企业找准转型方向、明确转型路径提供了具有针对性、可操作性的指导。"十四五"时期是专精特新企业发展的黄金时期，目前国家已经发布了许多相关的政策与法律法规。

4.4.2 专精特新企业数字化转型的现实价值

1. 专精特新企业数字化转型是应对时代课题的重要武器

（1）帮助恢复企业经济。新冠疫情以来，全球经济遭到重创，经济环境日益复杂，宏观经济下行压力较大，推动专精特新企业数字化转型是必然选择。数字化转型通过引进新的数字技术方法以及数字手段，对企业整体原有的组织架构、运行模式以及流程进行优化升级，从而使得企业更好地适应社会经济的发展，提高企业的生存与创新能力，实现商业模式的升级——从传统的产品销售向服务销售转型，从传统的商业模式向平台模式转型。数字化转型可以使企业通过数字化技术和数字化方法，对原有的产品进行升级和创新，实现产品的个性化和定制化，为用户提供更好的服务和体验，实现用户满意度的提升和品牌忠诚度的提高。数字化转型是一个不断发展和创新的过程，需要企业具备一定的技术能力、组织能力、创新能力和数据能力。通过数字化转型，企业可以实现商业模式的升级和创新，提高企业的创新能力、竞争力和生存能力，实现数字化时代的发展和繁荣。

（2）国家推动智能制造的必然途径。制造业是国家经济命脉，十多年来，我国制造业取得了惊人的成绩，制造业增加值占全球的比重从20%左右提高到将近30%，连续十几年保持世界第一制造大国的地位。从产业门类和产业体系的完整度来看，中国也是全球最为齐全的国家。但作为具有影响力的制造业大国，我国制造业仍然是大而不强，整体发展的质量不高，关键核心技术对外依存度较高，产业总体处于全球价值链的中低端。当前，全球新一轮科技革命和产业革命正在加速进行，5G、人工智能、大数据、工业互联网等新技术加速赋能实体经济，智能制造融合了信息化与工业化，已经成为制造业转型的热门方向。党的二十大报告中提出："实施产业基础再造工程和重大技术装备攻关工程，支持专精特新企业发展，推动制造业高端化、智能化、绿色化发展。"专精特新企业往往拥有自己的"独门绝技"，在推进制造业高端化、智能化方面具有不可替代的重要作用。智能制造是中国制造业高质量发展的必然趋势和重要引擎，中小企业是中国企业数字化转型的主战场，是中国实现智能制造最重要的基础。党的二十大召开以来，各地吹响高端化、智能化发展的新号角，进一步加快了各个企业向专精特新发展的步伐。在正确的发展方向与政策指引下，中国高端制造业正迎来巨大的发展机遇。

（3）助力中国经济高质量发展。随着人口红利、城镇化等驱动因素对增长的边际贡献下降，传统调控手段的负面效应增加，中国经济增长面临一定程度的下行压力。寻找经济增长的新动能，实现高质量增长，是摆在我们面前的难题。近年来，数字经济快速发展，以互联网、大数据、云计算、人工智能、区块链、物联网等为代表的新一代数字科技与实体经济日趋融合，新市场与新业态层出不穷，为中国经济增长注入了新的动力。实体经济是我国强盛的根基，数字技术与实体经济融合发展能够提高资源配置效率与要素生产率，使上下游之间的协同合作更加高效。因此，数字经济是全面建成社会主义现代化强国的一个重要法宝，我们必须紧紧抓住这个机遇。当今世界正经历百年未有之大变局，科技带来的互联互通也在助推世界格局出现重大变革。国际金融危机以来，中美两国在数字科技的发展上取得显著成就，大量科技企业如雨后春笋般快速发展，为全球经济增长注入了新活力。特别是中国，虽然科技起步晚于欧美，但凭借数字科技，特别是在金融科技方面积极发力，在诸多领域实现了跨越式发展，助力中国经济弯道超车。我国经济已由高速增长阶段转向高质量发展阶段，以数字经济为代表的新动能加速孕育形成。中国信息通信研究院发布的《中国数字经济发展白皮书（2020年）》显示，2019年，我国数字经济增加值达35.8万亿元，占国内生产总值的比重达36.2%。数字化发展从根本上改变了传统经济的生产方式和商业模式，全面渗透和深刻影响生产、流通、消费、进出口各个环节，既有利于加快推动形成以国内大循环为主体、国内国际双循环相互促进的新发展格局，有效应对日益复杂的国际大环境，保障我国经济体系安全稳定运行，又有利于拓展经济发展新空间、培育经济发展新动能、推动经济高质量发展，加快实现质量变革、效率变革、动力变革。

2. 赋能企业高质量发展，提高企业核心竞争力

（1）优化资源配置。推动企业数字化转型，能使专精特新企业在数字技术的帮助之下将各种生产要素数字化，在业务、人才等方面进行资源的优化配置，进一步提高企业运营效率，提高质量，同时让企业紧跟数字经济发展大势，不断将产品、服务模式等推陈出新，助力成长型企业寻找到自身发展的新引擎。专精特新企业数字化转型是企业降本增效的内在需要。数字化转型可以优化企业财务状况，稳固企业实力，进而提高企业市场价值。专精特新企业多属于学习型组织，自身的组织管理水平和组织效率较高，数字化转型可提高这类企业的融资能力和融资水平，提升财务稳定性。数字化转型在服务客户与扩大生产规模上也起到了不可忽视的作用，数字经济的发展减少了因地理障碍带来的隔阂，增加了客户群体的数量，从而使得本企业的生产往专业化、规模化的方向发展，提高了生产效率。总体来看，数字化转型能够显著提升企业的价值水平。

（2）优化用户体验与开拓新的商业模式。大多数企业已经意识到数字化转型的战略意义，数字化转型从之前的单纯作为提高效率的方式转变为创新发展模式的战略。通过数字化技术，可以实现个性化服务，制定针对客户个人的精准营销策略，满足人们日益增长的个性化需求，从而达到进一步提高用户黏性和忠诚度的目的。同时，利用数字化技术，可以开创新的商业模式，具体做法是将产品与线上服务相结合，达到一个线上线下相融合的效果，例如，利用"直播带货、网红推广"等热门的手段，开拓新的商业模式，拓宽企业的营销空间，进一步增加利润与收益。

（3）提高数据安全性。国内外企业数据安全事故频发，大到Facebook泄露用户隐私，小到电商数据泄露造成用户被骚扰。数字化技术的高速发展，在带来众多好处的同时也带来了不可忽视的弊端，数据泄露的规模越来越大、频率越来越高，人们对这个问题的重视程度也逐渐提高。对于专精特新企业来说，数据可以说是其命脉，关乎企业的生存，一旦数据泄露，对于许多刚刚起步的企业来说，有极大的可能会破产。数字化转型则可以较好地应对这些风险。首先是引进数字化人才，使他们提供专业服务，在发生突发情况时能积极有效应对，而不是手忙脚乱；其次是在数据加密上下功夫，例如将重要信息文件进行备份，最大化降低有可能带来的损失。数字化转型使得企业在内部形成完整的技术架构，将各个环节连接起来，形成平台化、数据化的解决方案。

4.5 精细化和新颖化的内涵和建设要求

4.5.1 精细化和新颖化的内涵

"精细化"是指采用先进适用的技术或工艺，按照精益求精的理念，建立精细高效的管理制度和流程，通过精细化管理，精心设计生产精良的产品。其主要特征是产品的精致性、工艺技术的精深性和企业的精细化管理。要想使专精特新企业从众多中小企业中脱颖而出，首要的就是进行精细化建设。精细化管理与数字化转型是企业进行创新升级的前提，也是必然要求。要培养精细化思维，帮助企业建立精细的组织内部架构、制度流程和体系。

"新颖化"是指依靠自主创新、转化科技成果、联合创新或引进消化吸收再创新的方式研制生产具有自主知识产权的高新技术产品。其主要特征是产品或技术的创新性、先进性，产品具有较高的技术含量、较高的附加值和显著的经济、社会效益。要想使专精特新企业发挥出自己的优势，还得靠创新，因此"新"是其灵魂。近年来，政府部门多方发力，出台许多政策以激发专精特新企业的最大潜能。创新既是生存问题又是发展问题，各企业都要把"聚焦主业、苦练内功、强化创新，掌握独门绝技"作为自己的目标。之所以重视专精特新企业发展，尤其是"小巨人"企业发展，是因为这些企业虽然体量不大，但依靠创新却能有大作为。这样的例子有不少，比如：湖南一家公司自主研发的操作系统，帮助神舟十二号载人飞船成功发射；安徽一家公司成功攻克汽车尾气排放治理难题，填补了国内此项技术的空白；北京一家公司凭借一根链条打破国际垄断，实现国产链条高端制造；等等。这些企业或许规模不够庞大、外表不够鲜亮，却是实实在在的行业单项冠军，凭借自主研发的拳头产品，在国内国际竞争中独领风骚。

4.5.2 精细化和新颖化的建设要求

1. 精细化的建设要求

（1）采用先进技术，建立高效的管理制度和流程。企业要提高竞争力，就必须将指导思想从"抓住市场机会，业务第一"转变为市场把握与内部管理相结合、重视内部管理建设。只有坚持流程管理体系的持续优化，才能在运营效率上创造竞争优势。建立数字化运营模式，即在运营过程中摒弃原有的、过时的管理模式，利用各种新技术进行战略政策的制定、内容的分析，通过新技术与数据能力重塑各个环节，提升运营效率，从而提高企业综合竞争力。企业要重新审视流程，强化流程管理，在流程上构建企业的竞争力。例如，在我们的管理活动中，一些设备需要转移或者维修，但在传统的管理方法下常常出现物品丢失等情况，利用数字化则可以追踪这些物品的踪迹，进一步跟进处理，使得管理工作变得高效起来。企业每天都会有很多会议，而对会议的预约以及跟进则成了日常工作中较为烦琐的一项，以前是需要行政人员手动记录，会出现信息不公开、不透明，且当工作量增大时会出现预约信息矛盾的情况，近年来会议预约系统的使用则很好地解决了这一问题，使得反映会议室预约情况的数据变得清晰透明，并及时得到了共享，实现了资源的合理利用与有效分配。数字化使企业管理工作变得高效的具体做法有以下两种。一是建立数字化平台，这对于每个专精特新企业来说都具有不可小觑的作用。数字化平台将企业内部的信息、数据进行收集和整理，利用云计算等手段进行存储，进一步实现对企业的数字化管理，具体作用就是将企业内部的各种信息，例如员工信息、客户信息、产品信息、合同管理信息等集合在一起，以表格的形式展现出来，方便领导层更直观、更快速地进行决策。二是利用区块链技术。区块链技术近年来被广泛运用到人力资源信息的管理中，因为它可以实现数据的加密与流通。例如，在对员工的薪酬及绩效信息进行管理时，区块链技术可以实现相关数据的实时记录与共享。在与客户进行产品相关信息的沟通时，区块链技术又可以帮助企业追溯供应方的产品数据，这也就是人们常说的供应链的可追溯化与可管理化。

（2）通过精细化管理，生产精细产品。精细化是一种态度、一种文化。要想做到精益求精，企业必须改变以前的粗放型生产管理方式。制造业企业实现精细化生产管理，首先是制定合理的战略目标，这些目标包括长期目标和短期目标，每个目标都要有相对应的具体计划来支撑；其次是企业需要对整个生产流程进行优化，减少生产过程中的冗余，提高生产品质与生产质量。企业的精细化需要从过程管理、设备管理、质量管理、物料管理、信息管理等多个方面着手，这样才能帮助企业加强管理。精细化生产首先要从质量上把关，产品的质量工作是重中之重。购买标准化设备、设立标准的生产流程是保证质量、降低瑕疵品占比的重要手段，采购高标准的检测仪器也是必不可少的，经过系统设定，每一个产品都要经过检测之后才能出厂，不合格的就会被剔除掉。生产管理软件的使用可以大大提高生产过程的效率以及可视化水平，根据前期的设定，对生产线、生产岗位进行流程化的安排，每一道工序及产品都清晰可见，如需要调整在软件上进行调整即可，大大减少了人力资源的投入，使得整个生产过程实时可控。同时，生产管理软件要与生产设备进行在线连接，方便系统对信息数据的实时抓取，为生产过程的顺利进行做好充分准备。通过信息管理平台，在管理层和生产车间之间架起了一座桥梁，使其能够及时进行有效的沟通，实现信息双向流动。

2. 新颖化的建设要求

（1）加大政策扶持。政府政策能够提高被扶持企业的创新投入，政策的支持与引导是中小企业专注核心技术研发、坚持自主创新的强有力的支撑。目前国家大力推动创新政策落地执行，产业资金与社会资产快速涌向这些企业，形成了良好的创新氛围，吸引高端人才聚集，使得企业创新的动力十足。有研究表明，政策对于企业创新有着显著的正向影响，政府补贴创新的政策对民营企业私人性质的创新投入会产生显著的U形关系激励效应，且只有当政府对企业创新的补贴资金额达到一定水平时，才能对企业私人性质的创新投入产生激励效应。政府补贴的"认可标签"信号能够显著提升新创企业的创新产出水平，政府补贴释放的信号对新创企业的技术创新具有重要意义。因此，各地政府应为专精特新企业"铺好路"，在税收优惠、金融服务、人才引进等方面量身打造配套措施，优先支持创新能力强、发展潜力大的中小企业在主板、科创板、创业板等上市融资，使其多一份行稳致远的从容，把精力更多用于研发创新。政府应针对专精特新企业的特点，选择更符合企业自身条件的支持方式，实现专精特新企业创新质量的提升。总之，企业创新发展的成果离不开政府不断厚植的创新沃土。

（2）抓住数字化转型的新方向。党的十八大以来，党中央高度重视发展数字经济，将其上升为国家战略。在一系列政策的支持下，我国在数字技术上不断突破，在新型基础设施、数字产业化与产业数字化、数据要素市场与数字生态建设各个方向全面发力，诞生了一批世界知名数字企业，培养了一批高端数字人才，已跻身全球第一梯队。数字化趋势来势汹汹、势不可挡，企业需要在数字化发展的浪潮中把握新机遇、应对新挑战、塑造新优势，只有迎合这个趋势才有可能在时代的发展潮流中取得一席之地。专精特新企业应顺应时代发展大潮，将数字技术运用到企业的数字化建设中，发挥数字化建设实践对企业创新绩效与创新效率的显著提升作用。企业应通过数字化转型，提高获取资源信息的能力与效率，建立与众不同的核心竞争力，从而快速融入到市场当中。数字化转型能够缓解企业内部的信息不对称，降本增效，同时降低供应链集中度，优化供应链网络结构，有助于专精特新企业创新绩效的提升。企业在数字化转型的道路上也许会遇到挫折，但企业一定要抓住机遇，找寻符合本企业特点的转型之路。

（3）注重人才问题。人力资源在任何一个经济发展阶段都是不可或缺的，创新的主体是人，培养创新型人才是国家实现创新可持续性发展的长远大计。当前，科技创新已成为大国博弈的主战场，创新型人才的数量与质量影响着这场博弈的最终结果。随着国家生育率降低、老龄化愈加严重，人才的引进变得越来越困难，因此企业的人力资源管理模式需要创新，需要体现出新颖化，从而更好地吸引人才。企业应当结合目前的状况和未来的发展方向，合理控制进入企业的各类人员的比例。同时，更新人力资源管理模式，可以借鉴阿里巴巴、腾讯等互联网龙头企业推出的人力资源三支柱模式（HRSSC人力资源共享中心、HRBP人力资源业务伙伴、HRCOE人力资源咨询中心），此模式可以使企业的人力资源战略更好地符合企业的实际，为企业创造更大的价值，改善企业的人力资源管理。企业管理者需要对组织、创业者、科技人才等要素的某些属性加以关注，将人才政策供给与人才需求进行匹配，通过整合内外部资源形成多条中介路径，从而促进企业创新绩效提升。在新征程上，我国要想实现高水平的自立自强，归根结底还是要靠高水平的创新型人才。我们比历史上任何一个时期都渴望人才，必须要加倍注重人才自主培养，努力造就一批在世界上具有影响力的顶尖科技型人才，培养更多高素质的技术技能人才、能工巧匠、大国工匠。

4.6　本章小结

本章通过对国内国际双循环新发展格局以及国家优先战略的介绍，点明了专精特新企业数字化转型的时代背景，并说明了在此背景之下专精特新企业应该如何进行优势重塑，从而实现高质量发展。主要内容包括以下几个方面。

（1）介绍了国内国际双循环新发展格局的提出背景及其内涵，以及双循环新发展格局的优势、作用，包括：优化国内产业链，促进经济发展；促进世界大市场水平提升；帮助企业形成自身优势等。

（2）介绍了"专精特新"国家战略的提出及内涵，分析了"专精特新"能够上升为国家战略的原因，包括中小企业面临困境、提升我国产业链供应链的韧性需要中小企业的创新以及"专精特新"能够引领中小企业高质量发展。

（3）对专精特新企业目前的发展态势做了陈述，说明了专精特新企业高质量发展的现实意义，进一步介绍了专精特新企业进行优势重塑以实现高质量发展需要做到以下几点：优化机制，强化政策支持；优化人才培养机制；加快企业数字化转型。

（4）介绍了专精特新企业数字化转型的内涵，说明了专精特新企业数字化转型的现实价值，包括：专精特新企业数字化转型是应对时代课题的重要武器；赋能企业高质量发展，提高企业核心竞争力。

（5）介绍了精细化和新颖化的内涵及其建设要求。精细化的建设要求是：采用先进技术，建立高效的管理制度和流程；通过精细化管理，生产精细产品。新颖化的建设要求是：加大政策扶持；抓住数字化转型的新方向；注重人才问题。

第 5 章

专精特新企业数字化转型

随着数字化时代的到来,企业向数字化转型已经成为必然趋势。在转型的过程中,一些专精特新企业面临着特殊的需求和挑战。这些企业在创新品类、降低成本、提高效率等方面有着独特的优势,数字化转型为这些企业提供了更多的机遇。然而,数字化转型并非易事,尤其对于专精特新企业来说,更是面临着技术、人才、资金等方面的困境,如何应对数字化转型的挑战,已经成为这些企业需要重视和关注的问题。本章将从专精特新企业数字化转型现状、面临的挑战、重要影响因素以及创新生态系统等方面进行论述。

5.1 专精特新企业数字化转型现状

在宏观经济下行压力较大,市场环境异常复杂的情况下,中小企业作为实体经济的重要主体,受到的冲击和压力更直接也更显著。为有效应对各种挑战、减缓经济颓势,推进企业数字化转型迫在眉睫。一些企业力图通过数字化转型盘活新要素、培育新动能、催生新业态,许多已完成数字化转型的大中型、综合性企业,如格力、比亚迪、富士康、特斯拉等,由于市场应变能力强、供应链管理水平高、资源储备充足,能够快速调整生产经营策略,积极应对市场挑战。与这些大中型、综合性企业集团相比,从中小企业中走出来的专精特新企业面临着较多不足,如数字化水平相对较低、供应链管理能力不强、人才和物资等资源储备单一等,一旦市场环境恶化,就会迅速暴露出市场应变能力差、复工复产困难、市场销售业绩下滑等缺陷，甚至可能陷入现金流断裂、核心员工流失、企业破产倒闭等困难局面。通过数字化转型，不仅可以提高企业的供应链管理能力、资源调动和配置能力，还可以提升企业的线上营销能力和市场应变能力，从而更有效地应对时代挑战。唐浩丹等（2021）认为企业数字化转型是企业经营与数字技术的全面融合，其通过企业活动各要素、各环节的数字化，推动业务流程和生产方式变革，优化要素资源配置，助力企业实现经营效率的全方位提升。詹晓宁等（2018）认为中小企业在我国经济发展中占据突出地位，推动中小企业数字化转型有利于培育经济新动能，促进经济社会稳定发展。

中国在 2011 年就提出了"专精特新"的概念，随着对专精特新企业培育必要性与实施路径等的认识和理解逐渐深入，我国适时调整专精特新企业发展支持政策的推进力度，大致可分为战略布局、细化实施、加速推进三大阶段（表5-1）。我国《"十二五"中小企业成长规划》明确指出，要把"专精特新"作为一种新型发展模式；2018 年年末，国家发展和改革委员会首次启动了专精特新"小巨人"企业培育工作；2022 年 1 月，工业和信息化部宣布将探索建立创新型中小企业、专精特新企业等的评价与培养方式，健全中小企业质量评价和梯度培养机制。根据安永研究院和浙江大学管理学院联合发布的《专精特新上市公司创新与发展报告（2022 年）》，2022 年"专精特新"上市公司的创新效率均值为 40.13，与非"专精特新"上市公司相比存在显著的优势，但"专精特新"上市公司的创新势力仍处于较低水平，均值仅为 13.28。这表明"专精特新"上市公司虽然在体现创新主体自身经济后果的创新效率上具有优势，但在创新势力方面仍处于较低水平，反映出"专精特新"上市公司对地区经济的控制力、影响力和辐射力尚存在较大不足。2023 年 6 月，财政部、工业和信息化部发布《关于开展中小企业数字化转型城市试点工作的通知》，指出要重点打造一批数字化转型"小灯塔"企业，培育一批优质的数字化服务商，开发集成一批"小快轻准"的数字化解决方案和产品，通过示范带动、看样学样、复制推广，引导和推动广大中小企业加快数字化转型。2023年7月，中共中央办公厅、国务院办公厅发布《中共中央 国务院关于促进民营经济发展壮大的意见》，提出重点培育一批关键行业民营科技领军企业、专精特新企业和创新能力强的中小企业特色产业集群。支持中小企业数字化转型，推动低成本、模块化智能制造设备和系统的推广应用。

表5-1　2011—2022年中国专精特新企业相关政策文件发布情况

战略布局阶段	细化实施阶段	加速推进阶段
提出专精特新企业概念，明确"专精特新"发展的思路和方向： 2011年《"十二五"中小企业成长规划》指出"专精特新"是中小企业转型升级的重要方向，提出培育"小而优、小而强"的企业 2013年7月《关于促进中小企业"专精特新"发展的指导意见》提出促进专精特新企业发展的总体思路，明确"专精特新"的内涵	细化专精特新企业培育路径，落实企业培育相关重点举措： 2016年提出开展专精特新企业培育工程 2018年提出支持实体开发区打造大中小企业融通型等四类双创特色载体等举措；明确专精特新"小巨人"企业的具体培育条件	提升专精特新企业战略地位，加速推进企业培育重点工程： 2019年工业和信息化部发布第一批专精特新"小巨人"企业名单 2021年围绕加大财税支持力度、完善信贷支持政策等提出31条具体支持举措；明确到2025年重点支持1000余家专精特新"小巨人"企业高质量发展等企业培育目标 2022年明确创新型中小企业、专精特新中小企业、专精特新"小巨人"企业的认定标准

根据《关于支持"专精特新"中小企业高质量发展的通知》，"十四五"期间中央财政累计安排100亿元以上奖补资金，由省级中小企业主管部门统筹管理，引导地方完善扶持政策和公共服务体系，重点支持国家级专精特新"小巨人"企业。

在顶层政策的引导下，全国各省及直辖市立足自身情况制定了扶持"小巨人"企业发展的各类专项支持政策。总体来看，扶持政策主要包括资金支持、产业链创新协同、数字化转型、人才支持、市场开拓和精准对接六大维度（表5-2），与2021年国务院发布的《为"专精特新"中小企业办实事清单》的重点内容高度吻合。以资金支持为例，根据公开政策文件，截至 2022 年，全国已有超 80% 的省及直辖市推出了专精特新"小巨人"企业认定奖补措施，以激励符合条件的中小企业积极申报"小巨人"企业，而且大部分地区的奖补金额处于 50 万元～ 100 万元区间，相比普遍不足 50 万元的专精特新企业认定奖补金额，支持力度具有明显优势。

表 5-2 我国各省及直辖市"小巨人"企业相关扶持政策

支持维度	主要内容	代表省市
资金支持	认定奖励：根据企业认定情况直接给予现金奖励，奖励额度 20 万～ 200 万元不等 服务补贴：发放创新券、信息化券、服务券等间接补贴 研发及机构补贴：发放研发准备金补助、重大新产品补贴、技术中心配套补贴 科技金融：通过专精特新贷、专精特新板、投资风险补偿等科技金融手段引导社会资本为"小巨人"企业提供金融支持	北京、江苏、重庆、福建、广东、上海
产业链创新协同	政府引导"小巨人"企业加强中小企业自身创新能力、企业间协同合作、产学研合作等，推动产业生态融合发展	河北、山东、陕西
数字化转型	政府主导"链式发展"，第三方供应链提供"一站式数字化服务"，合力纾解"小巨人"企业数字化困局，切实满足转型需求	北京、深圳、江苏
人才支持	高校、国央企、人力资源服务机构等主体从人才招引与培育两方面发力，为"小巨人"企业夯实人力、智力基础	福建、江西、湖南、广东
市场开拓	市场宣传主力企业拓展 B 端、C 端市场 加大政府采购力度，拓展"小巨人"企业 G 端市场	广东
精准对接	企业宣传：通过举办论坛、开通直播等形式，宣传专精特新企业典型案例 企业建档："一户一档"为专精特新企业建立企业档案，以提供一对一服务 公共服务平台建设：链接区域范围内各小微双创基地及中小企业公共服务示范平台，通过政府购买服务等形式，引导市场化服务机构通过平台提供专精特新企业专属产品/服务	北京、江苏、河南、湖南、广东、四川

专精特新企业是指"专业化、精细化、特色化、新颖化"的中小企业。"专"

是指企业运用自己的专有技术，在特定的市场上形成高度专业化的产品，并能够抵抗各种不同的诱惑；"精"是指企业以精益求精为目标，建立健全有效的管理制度，明确生产过程；"特"是指运用企业特有的技术和职能，为不同类型的消费者提供富有个性化的商品和服务，从而达到"人无我有，人有我优，人优我特"的目的；"新"是指企业在推进创新驱动发展的过程中，坚持自主创新，加速科技成果的转化。专精特新企业中的领头羊，将会被推荐为"小巨人"企业。数字经济在2022年的全国两会上引起社会各界的高度重视。2022年《政府工作报告》提出，要"建设数字信息基础设施，逐步构建全国一体化大数据中心体系，推进5G规模化应用，促进产业数字化转型"。专精特新企业在特定行业中有着较高的专业水平和较强的创新能力，是行业发展的"排头兵"，为提高产业链、供应链、创新链的稳定性和竞争力提供了有力保障。但在信息化建设的进程中，还存在着信息化基础薄弱、人才储备不足、升级转型动力不足、缺乏明确的目标等问题。在我国"新基建"战略的推动下，数字化和智能化发展已成为各行各业的共识。推动数字技术和实体经济的深度融合，推动传统产业的转型和新的业态模式的诞生，将加快整个社会的数字化进程，促进企业升级转型，探索新的发展机遇。互联网快速发展，已经逐步渗透到我国的很多行业，改变了很多行业的生产发展模式，比如移动支付。外卖平台的崛起给传统快餐业的发展带来了一定影响，并催生了一种新的职业，即通常所说的"外卖员"。现在，中国人的日常生活中不断出现新的业态、新的技术，这些都在冲击着传统的商业模式。新一代信息技术的联合与推广，将会极大地减少资源间的联结成本，进而促进产品与服务供给方式的转换。身为专精特新企业的领军者，"小巨人"企业如果不能坚持自己的商业观念，不能及时创新，不能将数字技术融入企业的发展中，那么必然会为时代所淘汰。

自2019年国家级专精特新"小巨人"企业培育计划正式实施以来，截至2022年，工业和信息化部已分四批累计公示9279家专精特新"小巨人"企业，实际认定8997家，接近《"十四五"促进中小企业发展规划》提出的

1万家专精特新"小巨人"企业的目标数量,"小巨人"企业培育计划已初见成效。其中:第一批入选公示248家,实际复核认定155家;第二批入选公示1744家,实际认定1584家,第三批入选公示2930家且全部通过认定。随着《优质中小企业梯度培育管理暂行办法》对专精特新"小巨人"企业认定标准的进一步明晰,第四批入围的专精特新"小巨人"企业大幅提质扩容,入选公示4357家并实际认定4328家(图5-1)。一方面,新的认定标准降低了市占率要求及创新企业申报的门槛。例如,在特色化指标上,以"主导产品在全国细分市场占有率达到10%以上"代替了"主导产品在细分市场占有率位于全省前3位";在创新能力指标上,新增了创新直通条件,满足一项即可直通,对于科技创新效果显著而营业收入不能达到一般标准的中小企业申报更为有利。另一方面,新版认定标准更加细致,认定维度更加清晰,评定程序有据可依,有助于提升申报及评选效率。

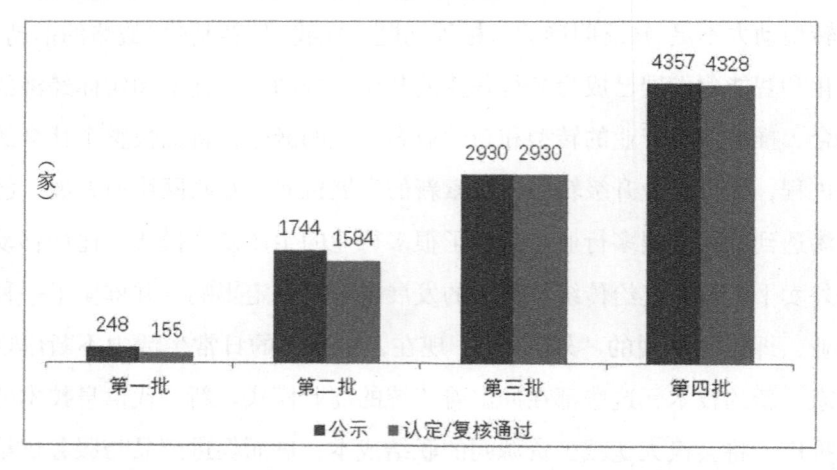

图 5-1 中国专精特新"小巨人"企业各批次公示及认定数量

从区域分布来看,第四批专精特新"小巨人"企业仍然呈现出东密西疏的态势(图5-2)。其中:该批次公示超400家企业的省份均位于东部地区,分别为浙江、江苏、山东,显示出东部地区作为经济增长的核心区在专精特新"小巨人"企业培育方面具有显著优势;中部地区同样在湖北、重庆等省市的带动下发展动力强劲;东北地区则并未发挥出制造业基础雄厚的优势,

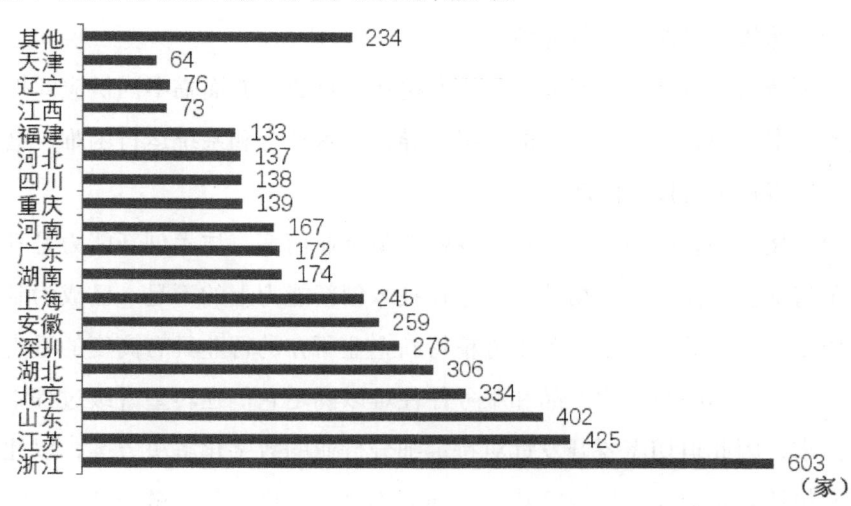

在新旧动能转换层面仍具有较大的提升空间。

地区	数量（家）
其他	234
天津	64
辽宁	76
江西	73
福建	133
河北	137
四川	138
重庆	139
河南	167
广东	172
湖南	174
上海	245
安徽	259
深圳	276
湖北	306
北京	334
山东	402
江苏	425
浙江	603

图 5-2　第四批专精特新"小巨人"企业区域分布

5.2　专精特新企业数字化转型面临的挑战

随着信息技术的快速发展，数字化转型已经成为企业发展的必然趋势。专精特新企业由于其灵活性、创新性和高度适应性，成为数字化转型的重要推动者。然而，专精特新企业在数字化转型过程中面临各种挑战，涉及技术应用、组织结构、人才培养等方面。

5.2.1　技术挑战

（1）技术投入和应用成本高。专精特新企业在数字化转型中需要进行大量的技术投入，包括硬件设备、软件开发和人员培训等方面，这些都需要大量资金和人力资源的支持。

（2）技术更新和迭代速度快。数字化技术的发展非常迅速，一种技术很快就会为新的技术所取代。专精特新企业需要不断跟进最新的技术，进行技术更新和迭代，以保持竞争优势。

（3）技术整合和系统互通困难。专精特新企业可能面临不同供应商提供的技术方案不兼容、无法互通的情况，导致技术整合和系统运行困难，这需要企业进行技术对接和协调。

（4）技术创新能力不足。对于专精特新企业而言，技术创新能力是其核心竞争特征。然而目前专精特新企业在技术创新能力上的不足，已成为制约其高质量发展的关键因素。鉴于专精特新企业所在的行业具有高度的垂直性和专业性，通用的数字化产品和服务往往难以满足它们在转型升级过程中的特定需求，因此迫切需要开发针对特定细分行业的数字化解决方案，以此来补充专精特新企业在应用数字技术方面的不足，并推动创新链与产业链的有效融合。

5.2.2 组织挑战

（1）组织架构和流程调整。数字化转型要求企业进行组织架构和流程的调整，从传统的分工与合作模式转变为快速响应和协同合作的模式，这需要企业进行相关的组织架构改革。

（2）决策和协作机制调整。数字化转型需要企业进行快速决策和有效协作，但企业可能面临层级繁多、决策过程烦琐等问题，所以需要进行决策机制和协作机制的调整。

（3）企业文化和心态转变。数字化转型要求企业变革传统的工作方式和思维模式，但企业可能面临员工对新技术抵触和不愿意改变的情况，所以需要对企业文化和心态做出转变。

（4）企业成本问题。高成本影响中小企业数字化转型升级的意愿。融资难、融资贵仍是困扰中小企业发展转型的重要问题。缺乏必要的资金进行数字设备、数字技术的采购、运营和维护，导致中小企业"巧妇难为无米之炊"，无法推进数字化转型战略。企业数字化转型升级是一项复杂的系统工程，在软硬件购买、系统运维、设备升级、人才培养等方面需要持续投入大量时间和资金，而大部分中小企业自身资金有限、生存压力大，单纯依靠自身资本投入进行数字化转型几乎难以为继。

5.2.3 人才挑战

（1）缺乏数字化人才。数字化转型需要企业具备相关的数字化技能和知识，但专精特新企业可能面临缺乏数字化人才的问题。人才市场对数字化人才的需求十分迫切，而中小企业通常在数字化人才的竞争中处于不利地位，较难吸引到转型所需的技术人才。

（2）员工培训和转岗问题。数字化转型要求企业对员工进行培训和转岗，以适应新的工作要求，如掌握数字化技能、了解市场趋势等，但这需要企业投入大量资源和时间。

（3）人才留存和激励机制不完善。数字化人才在市场上需求量大，企业面临竞争，需要制定有效的激励机制，吸引优秀人才。此外，中小企业规模小，企业内部难以建立成熟高效的数字人才培训体系。即使企业搭建了人才培养体系，较为注重培养基本的专业编程能力，但如果忽略人才在技术创新、管理运营、战略规划等方面的综合能力，也会使转型所需的复合型人才的供给严重滞后于需求。

5.2.4 安全挑战

（1）信息安全风险。数字化转型使得企业面临信息安全风险，包括数据泄漏、网络攻击等问题，这需要企业对信息安全进行保护和风险管理。

（2）数据隐私问题。专精特新企业在数字化转型中面临大量的数据收集和分析，如何保护用户的数据隐私，完善相关的法律和法规，成为一个重要的挑战。

5.2.5 政策挑战

（1）缺乏差异化的支持政策。不同地区、不同发展阶段、不同行业属性的企业，其数字化转型进程、数字技术应用水平不尽相同，对数字化转型的政策诉求也必然存在差异。目前，各级政府对专精特新企业数字化转型的支持力度不断加大，但大多是统一的口径和统一的标准，缺乏差异化的支持政策。

（2）缺乏有针对性的支持政策。一方面，从政策支持的倾向来看，实践中仍然遵循着国有企业优先、大中型企业优先的思路。"专精特新"并没有改变"中小企业"的本质，且专精特新企业大都属于民营企业，很难获得与国有大中型企业同等的政策福利和外部资源。另一方面，从市场环境的维护来看，数字经济领域的"巨头垄断"问题仍然存在，不仅影响后发企业的发展潜力，还会抑制企业的转型活力，加大专精特新企业数字化转型的难度。

（3）缺乏有针对性的金融服务。中小企业融资难、融资贵的问题根深蒂固，目前并没有匹配专精特新企业的专项金融服务。即使是日常的生产经营，专精特新企业也面临众多中小企业都面临的融资难题，而数字化转型周期长、风险高，获得配套金融支持的难度更大。

5.3 专精特新企业数字化转型的重要影响因素与作用机制

随着信息技术的快速发展和互联网的普及，企业数字化转型已成为商业领域中的热门话题。无论是传统行业还是新兴产业，都在积极探索数字化转型的路径，以在竞争激烈的市场中保持竞争优势。在这之中，专精特新企业因其灵活性、创新性和高度适应性，成为数字化转型的重要推动者。本节将深入探讨专精特新企业数字化转型的重要影响因素，并分析其在不同方面的影响以及其作用机制。

（1）技术基础设施的建设与优化。数字化转型首先依赖于强大而可靠的技术基础设施。专精特新企业需要投入资源来构建适应其业务需求的信息技术基础设施，包括云计算、大数据分析、人工智能等。这些技术不仅可以提升企业的运营效率，还可以使企业更好地理解市场需求，进行精准的产品定位和市场营销，以确保专精特新企业数字化转型的顺利进行和持续发展。

（2）数据驱动的决策。数字化转型使企业得以收集和分析大量数据，这些数据是数据驱动决策的基础。专精特新企业通过深入挖掘和分析这些数据，能够更准确地了解客户需求、把握市场趋势以及评估产品性能，这些都是实现数字化转型的重要组成部分。数据驱动的决策不仅为企业提供了制定更明智战略决策的依据，而且有助于企业在数字化转型过程中及时发现潜在的商业机会和存在的问题，并据此进行及时的策略调整。因此，数据驱动的决策是推动和优化数字化转型的重要手段。

（3）创新文化及人才的培养。专精特新企业数字化转型的成功离不开积极的创新文化。员工应被鼓励提出新想法，并有机会参与到创新项目中。企业应该为创新提供资源支持，同时要容忍失败，从失败中吸取经验教训。创新文化的培养将推动企业不断迭代和改进，保持在竞争中的优势。在数字化时代，企业需要高素质的人才来应对不断变化的市场环境。专精特新企业应当重视知识管理和人才培养，建立起有效的知识共享机制，吸引、培养和保留优秀的人才。这些人才将成为企业数字化转型的核心推动者。

（4）敏捷的组织架构。传统的繁重组织架构往往阻碍了企业的快速决策和创新。专精特新企业应当采用敏捷的组织架构，减少决策层级，加强部门之间的协作，使得信息能够更快速地流通和传递。敏捷的组织架构有助于企业更好地应对市场的变化和机遇。

（5）客户体验的优化。客户体验的优化是数字化转型的关键目标之一，对于专精特新企业来说，这意味着通过数字技术的应用来提升客户与企业互动的质量。通过实施个性化推荐、在线客服、快速响应等策略，企业不仅能直接增强客户满意度和提升品牌忠诚度，而且这些措施本身就是数字化转型过程的重要组成部分。客户体验的优化有助于收集更准确的客户反馈，促进服务创新，进而推动企业在产品开发、营销推广和客户服务等方面的数字化转型。因此，客户体验的优化不仅是数字化转型成果的体现，也是推动企业整体数字化转型进程的动力。

（6）风险管理与安全保障。随着数字化程度的提升，企业面临的风险也在增加。专精特新企业需要重视信息安全，采取有效的措施保护客户隐私和企业数据。建立健全的风险管理体系，预防和应对潜在的数字风险，是数字化转型过程中不可忽视的重要因素。

（7）跨界合作与生态建设。在数字化时代，跨界合作与生态建设能够带来更多的机会和创新。专精特新企业可以寻找合作伙伴，在不同的领域开展合作，共同探索新的商业模式和市场。通过构建生态系统，企业可以实现资源共享、共同创新，实现更长远的发展。

（8）持续学习与适应能力。数字化转型是一个持续的过程，市场和技术都在不断变化。专精特新企业需要具备持续学习与适应能力，不断更新知识和技能，紧跟行业发展的脚步。只有保持敏锐的洞察力，企业才能在激烈的竞争中保持竞争力。

综上所述，专精特新企业数字化转型的重要影响因素涵盖了技术基础设施的建设与优化、数据驱动的决策、创新文化及人才的培养、敏捷的组织架构、客户体验的优化、风险管理与安全保障、跨界合作与生态建设、持续学习与适应能力等，企业可以综合考虑这些因素，并根据自身的情况进行相应的调整。一是培养管理层的动态管理能力，激励和启动企业的数字化转型等战略变革；二是采用现有的轻体量数字平台，让中小企业快速灵活地应对市场变化；三是提升企业使用信息技术的能力，增强企业的竞争优势和市场适应能力；四是完善数据文化及管理实践，发挥数据的分析能力及保障数据的安全性等，以此成功实现专精特新企业数字化转型。

5.4 专精特新企业数字化转型中的组织变革

5.4.1 企业数字化转型概述

企业数字化转型并没有统一的定义，但一般认为企业数字化转型是"一个利用数字化技术，使企业在业务模式、运营模式和客户体验等方面创造价值的演进过程"。企业数字化转型并不只是数字化技术的应用，还包括企业战略、组织、业务模式等全要素、全方位、全链条的变革，数字化技术只有在合适的组织条件下才能释放出其颠覆性潜力。就企业数字化转型的过程而言，其触发主要源自市场环境的新变化和新要求。企业为了在新的市场环境下保持竞争力和可持续发展能力，会积极地制定业务变革和数字化转型战略，更关注新技术带来的产品、流程和组织方面的转型。

在企业数字化转型过程中，企业组织受到两个方面的影响，即战略响应带来的组织调整，以及数字化技术应用带来的组织适应。在新的市场环境下，企业的战略发生转变，要求企业在组织层面进行一系列创新，即企业组织必须要在新要求、新任务、新情况下做出相应的变革，以推动企业实现既有业务价值增值并创造新的价值增值模式。数字化技术既能帮助企业实现价值创造，也是企业数字化转型重要的驱动力，但必须通过组织来加以落实。没有组织变革，数字化转型下的价值创造就难以实现。组织变革是企业战略响应、技术应用和价值创造之间的关键环节，是企业数字化转型中的关键步骤。

5.4.2 企业数字化转型中的组织变革

企业没有组织变革就不可能取得数字化转型的成功。

第一，没有组织变革，数字化技术难以发挥应有的作用。许多企业虽然引入了先进的数字化设备与技术，但缺乏使用这些新设备与新技术的能力和条件，达到的技术赋能程度有限。真正的数字化转型能够帮助企业实现价值创造、价值创新，进而提高企业竞争力，但这些变化并不是数字化技术自然而然带来的，数字化技术必须结合组织变革才能实现这些目标。

第二，只有组织变革才保障企业数字化转型的长久效益。Ananyin（2018）在研究企业数字化转型中注意到企业内部存在的三类资本：人力资本（Human Capital）、组织资本（Organizational Capital）和计算资本（Computer Capital）。在数字化时代，计算资本变化得很快，但组织资本的变化却慢得多。在动态性的环境下，只对技术应用（即计算资本）进行改变，或许能暂时满足企业的生产经营要求。但只有当三类资本协同变革时，企业才能获得高额且长久的效益，而其中的关键就在于变化最慢的组织资本，即需要进行组织变革。

第三，组织变革是企业数字化转型中的"控制性工程"。采用数字化技术并非难事，因为许多数字化技术经过了成熟的发展和实践应用，能够兼容多种业务场景，具有较强的普适性。因此，虽然数字化技术是数字化转型的核心，但并不是关键性因素。而企业在数字化转型中可能出现组织对技术的"不兼容"，需要解决重塑组织文化、克服组织惯性等棘手问题。企业能否成功推进数字化转型，关键在于组织变革。

企业数字化转型下组织变革的根本原因是现有组织不能满足新形势下的企业发展要求。在新一轮信息革命的推动下，快速变化的市场环境成为新常态，Pasmore（2010）将其描述为"VUCA世界"，即不稳定的（Volatile）、不确定的（Uncertain）、复杂的（Complex）、模糊的（Ambiguous）市场环境。

VUCA 的新形势要求企业组织更加柔性、更具有冒险精神、更快更准地做出决策。数字化技术可以帮助组织在一定程度上达到这些要求，但组织自身必须进行相应的变革。传统的组织形式是层级分明的科层制组织，员工和下级组织单元对业务的控制和协作来自上级组织的授权，上级组织负责发布指令、分配资源、调解冲突等。科层制组织在稳定、可预测的市场环境中是高效率的，因为组织沿袭惯例就能安稳发展，但科层制组织也衍生出如组织僵化、孤岛结构、沟通不畅、形式主义等问题。在数字化时代，传统的组织形式暴露出更多的弊端。例如，决策程序复杂且缓慢、条块分割的思维和行为影响协作的有效性、组织结构刚性大而缺乏快速响应能力和适应能力、组织单元的本位性不利于组织整体目标的实现等。在 VUCA 的市场条件下，存在这些问题的企业隐含着巨大的发展危机。这些问题的解决不能仅诉诸数字化技术的应用，因为如果组织内部原本就存在问题，数字化转型可能只会放大这些缺陷，让问题更加明显。因此，技术和组织二者之间存在相互适配、相互依赖的关系，企业要想取得数字化转型的实效，就必须对组织进行变革。

数字化转型推动组织变革，提升专精特新企业的管理能力。一是数字化推进中小企业传统组织结构向基于组织岗位需求的更加柔性、灵活的扁平化与敏捷化网络协同模式转变，增强组织变革的驱动力。二是数字化推进中小企业传统组织管控模式变革。数据共享、数据决策、数据管理、数字技术推动中小企业组织管控模式从平衡组织与放管服之间关系的管理与控制模式，向以支撑业务发展为核心的赋能与服务模式转变，以数字化提升中小企业的现代化管理能力。三是数字化打破中小企业组织变革的行政壁垒约束。通过企业数字化改革打破部门墙，加强部门之间的协作，平衡企业整体利益和部门利益。通过数字化组织变革，强化数字技术赋能产品研发升级，推动数据驱动决策与大数据算例预测实现业务深化、广化、细化，完善企业与用户交互平台建设，构建中小企业"智能"现代组织管理生态体系。

5.5 专精特新企业数字化创新生态系统

随着创新生态系统不断向数字化、分布式、平台化演变，数字化创新进程不断加快，逐渐形成以数字创新平台为核心、以数字化基础设施为支撑、以数据为关键创新要素，包括用户和智能机器人等多种创新主体的数字化创新生态系统。

张超等（2021）认为中小企业数字化转型主要分为两种：一种是自主型，企业有意愿也有能力进行数字化转型，通过自有数字平台进行转型；另一种是依附型，企业拥有数字化转型意愿，但因缺乏数字化转型相关资源及能力，需依附第三方数字平台进行数字化转型，其数字化转型过程涉及多个利益主体。这些利益主体的相互作用形成一个创新生态系统，其中，企业是生态系统中的创新主体，企业间形成上下游的供应链和产业链，在行业内竞争与合作，最终形成生态层面的价值共创。根据 Moore（1993）的创新生态系统理论，企业通过网络与生态系统中的其他参与者开展竞争合作，将新想法带入现有的生态系统。Granstrand（2020）认为，创新生态系统是包含行动者（Actors）、行动（Activities）、产品（Artifacts）以及各种组织和关系（包括互补关系和替代关系）的演进集合，该集合对单个或一群行为者的创新表现具有非常重要的影响。陈衍泰（2018）通过研究发现，创新生态系统的不同主体通过有效学习和选择性互补，整合资源和知识网络，在共同演进的过程中，实现创新生态系统不同主体的价值创造及共享。

从中小企业数字化转型的过程看，创新生态系统主要包含三方面的内容。一是创新要素，包括资源要素、数据要素、技术要素。二是创新主体，包括中小企业、数字平台、政府管理者。三是创新环境，包括企业内部环境和外部环境。在内部环境中，中小企业数字化转型的影响因素包括管理者的数字化意识、员工的数字素养与组织架构。在外部环境中，中小企业数字化转型的影响因素包括政策支持、技术更新与生态系统演进。此外，创新演进的目的在于实现企业的部门协同，进一步促进平台产生新的运营模式，最终实现生态系统的价值共创。接下来分别从技术赋能、平台赋能以及生态赋能三方面展开对专精特新企业数字化创新生态系统的分析。

5.5.1 技术赋能

技术赋能是指将技术应用于企业的业务流程和创新活动，以提升企业的竞争力和创造更大的价值。技术赋能可以通过引入先进的数字技术和平台化思维，改变传统的业务模式和流程，实现业务的智能化、自动化和数字化转型。聚焦企业内部发展，降本增效是当前中小企业数字化转型的重要目标之一，但较高的试错成本以及资金、人员的限制决定了中小企业在转型过程中难以同时进行多项数字化转型尝试。

因此，在数字化转型时，专精特新企业会选择个别部门进行试点，将成本控制在可承受的范围内，试验成功才会考虑进一步转型。由于专精特新企业的资源具有稀缺性，在选择何种类型的数字技术上，通常带有强烈的个人偏好，尤其是高级管理者的专业能力和数字素养将直接影响企业的发展。微观基础理论认为，个人可以显著影响组织，进而影响组织的演变与成功。Malodia（2023）认为，拥有良好数字技术能力的企业家与职工均能在企业数字化转型过程中发挥重要作用，利用数字技术优化企业内部工作流程，进而促进部门间交流。部分中小企业通过数字办公软件将企业经营批复过程在线化，使各部门能够实时了解项目进展情况，进而减少信息不对称、降低沟通成本、提高企业运营效率、重塑企业业务。

提供数字技术的平台型企业需考虑如何从一个部门入手，更好地服务中小企业数字化转型。对中小企业而言，在数字化转型初期可以借助第三方数字平台与数字技术赋能自身业务发展，提升员工的数字素养，改善企业内部流程与组织结构并实现自身效率的提升，从而为企业的长期发展奠定良好基础。同时，Hanelt（2021）认为，中小企业更多是采用部分数字技术对企业内部业务流程进行改变。由于内部业务流程的改变通常依赖某一特定技术或系统，因此，采用部分数字技术给中小企业数字化转型带来的影响有限。尽管大多数数字技术为提高效率和亲近客户提供了可能性，但企业员工通常缺乏创新思维，阻碍了中小企业数字化转型。

从组织角度看，首先，中小企业数字化转型应关注商业策略；其次，中小企业应依靠内部员工而非外部咨询公司来获取客户意见，关注员工对于可能被技术替代的顾虑，并从灵活决策、快速原型设计、扁平化结构等方面帮助企业实现数字化转型。企业在数字技术部分采用阶段接受并迅速运用数字技术获得经济收益，能够形成示范带动效应，先行者红利能够在行业内部引起竞相模仿的热潮。

大数据、云计算等数字技术的快速迭代引发国内消费互联网发展的热潮，数字技术发展或技术重组带来整个行业的跃迁式发展。例如，电子商务改变了购物模式，促进一系列电商平台的崛起，对传统线下购物门店带来冲击，塑造了全新的行业风口。而中小企业仍以依附式转型为主，享受平台提供的物流体系、数字系统等服务。对中小企业家而言，企业与用户通过平台直接联系使其能够及时获得反馈信息，并适时调整企业战略。对组织而言，数字化转型加快了生产过程并缩短销售周期，使其在行业内部产生新的协同关系和商业模式。对用户而言，数字化转型使其拥有更多的选择权，并降低时间成本。对平台企业而言，数字化转型一方面能够使其积累海量的用户数据，另一方面使其在为中小企业提供数字技术支持的过程中，不断提升自身价值。

5.5.2 平台赋能

数字化创新的一个最重要特征是平台成为创新的中心焦点。在数字化时代，创新已经走出传统实验室和产学研平台，催生出大量以开放、扁平、参与式为主要特点的数字创新平台。数字创新平台因其跨越地理距离和整合创新资源的能力而越来越受到关注。这些数字创新平台提供数字架构，即组件、接口和数据，为创新提供了一个新的环境。更广泛地说，数字创新平台为大量多元异质参与者提供了价值创造和价值分配的基础设施，从而强化了创新主体的创新动力和能力。这已经成为数字化创新生态系统的一种基本运行方式。

数字创新平台涌现是数字化创新生态系统运行的基本特征。数字创新平台为创新主体的线上线下互动提供了空间，通过数字创新平台重构创新组织模式已成为数字化创新生态系统的重要特征。数字创新平台是一个载体，能高效率地联结各类创新主体。不同的数字化工具、能力和数字组件在数字创新平台上相互融合，简化知识转移和互动共享的流程，加速成果推广和转化过程，促成大规模的跨组织创新要素流动与交互，形成多方参与、相互促进、快速迭代的数字化创新生态系统。同时，数字创新平台是一种技术基础设施，为创新参与者、数字工具和服务之间的互动提供了一个信息环境，可确保实现跨部门和信息交互并向系统参与者提供金融、技术、人员、信息和管理资源的数字工具和服务。另外，李海艳（2022）认为数字创新平台还是配置与协调创新要素的基本组织，具有数据驱动、开放、大规模协作、共享、普惠的特性，不仅有助于信息、知识、技术的溢出和扩散，也有助于信息、知识、技术的高效配置。

数字创新平台是数字化创新生态系统的核心建构。依托数字创新平台，系统可以在更广泛的空间内精准匹配和整合资源，推动创新活动进一步朝着协同的方向发展，从以往的垂直链条组织间的相互合作，转变为数字空间邻近型的数字化创新。不同的是，一个数字化创新生态系统可以包含大量的数字创新平台，而数字创新平台是配置与协调创新要素的基本组织，也是数字化创新生态系统的关键部分和主导力量。总之，从原有的仅依靠组织内部资源的创新到依靠数字创新平台在外部找寻资源对接的创新，这一跃迁不仅仅是简单地把创新要素从线下移到线上，从深层次意义上来讲，这已经形成了复杂且动态的数字化创新组织模式，引起了创新模式的革命。

数字创新平台强化了数字化创新生态系统的竞争优势。依托数字创新平台，参与者可以访问共享数字资源（数据、计算能力、存储能力、模拟工具等），并开展频繁的沟通和密切的交流，能够促使各类创新主体比较方便地获取其他创新主体的技术溢出，提高创新效率，加速创新进程。同时，基于数字创新平台，各类创新主体之间能够实现优势互补，形成较强的分工协作关系，提高创新合作程度，进一步带来合作成本和不确定性的下降。数字创新平台相当于数字化创新生态系统的安卓系统，可以通过智能终端的互联和创新资源的数字化共享，消除创新主体间存在的时空距离，迅速扩大在线创新群体规模，形成基于海量动态数据、全景智能链接与智力资源全天候泛在的数字化创新生态系统，赋予数字化创新生态系统开放性、融合性和无限制性等特征。

5.5.3 生态赋能

随着专精特新企业数字化转型不断深入、应用领域不断细分，专精特新企业和平台企业均会面临更加复杂的决策场景。与此同时，专精特新企业与数字平台的联系将更加密切。对专精特新企业而言，行业的市场需求总量不变，要获得更加长远的发展，就要不断提升自身的服务水平，并以服务客户需求为目标，开辟和占据新的细分市场。对平台企业而言，平台需同时适应市场的瞬息变化和满足中小企业的需求。从这一角度看，平台与专精特新企业是利益共同体，两者可共同推进更大范围的网络和能力要素可视化和结构重组，共创新的数字能力与价值。因此，专精特新企业数字化转型的最终发展应是带动整个生态系统创新。

Moore 最早提出创新生态系统的概念，指出所有企业之间除了存在竞争与合作关系，更重要的是与所在的生态系统共同演化。刘洋等（2015）指出，以往人们普遍认为，创新存在边界，企业的内部研发和外部研发既存在替代关系，也存在互补关系。大企业无论在研发规模还是研发投入方面都令中小企业无法企及，专精特新企业只能成为大企业的拥趸，因此，不利于专精特新企业的创新发展。此外，戚聿东和肖旭（2020）认为，人工智能、区块链、云计算、大数据等数字技术的应用加剧了企业间在价值创造领域的竞争，打破了组织内部和外部的边界，使企业被迫面对来自不同领域的颠覆式创新和替代式竞争。柳卸林（2021）认为，专精特新企业利用比较优势与企业外部网络中的合作伙伴在最短时间内开发出用户所需的产品，并进行知识交换。数字技术参与整个生态系统的演进过程，经过不断叠加应用重组，直到新的数字技术被创造，达到新的动态平衡。

专精特新企业的数字化转型呈现三个特点。一是企业的边界变得不再明显。由于数字技术的开放性和连接性极强，企业与企业间形成你中有我、我中有你的关系，企业之间的界限变得模糊；行业与行业之间、上下游之间的依存度不断增加，尚未呈现减缓趋势。二是创新呈现较高的共享性。专精特新企业并非作为单独的组织进行演化创新，而是成为创新生态系统的一部分，并跟随整个创新生态系统进行演化发展。不同企业的核心能力要素相互连接，形成开放的企业外部价值网络。三是企业间呈现复杂的竞合关系。柳卸林（2021）认为，在同一生态系统中，众多企业参与者因相同的需求聚集，围绕共同的价值主张，因异质性资源的强互补性产生合作的经济关系，同时受到市场影响产生竞争关系，这种复杂性不仅体现在生态系统内部，而且进一步延伸至生态系统之外。赵艺璇（2022）认为，核心企业可以利用自身及在位成员的社会关系，迎合新的市场需求和市场规则，攀附外界主体并达成市场合作关系，触达更多市场用户和渠道，即增加市场网络节点，适应新的市场环境，新的演化过程在两个生态系统之间展开。

从产业或创新生态系统层面看，数字化转型的效果具有权变性，产业特征是影响数字化转型的重要情境因素。市场规模不断扩大的成长性行业有利于企业数字化转型。

5.6 本章小结

本章对专精特新企业数字化转型进行了分析，主要内容包括以下几个方面。

（1）专精特新企业数字化转型已经取得了一定的进展，但仍有一些领域需要加强和改进。企业需要加强数字化意识和认知，深入研究先进技术的应用，注重数据驱动的决策和持续改进，同时充分考虑组织结构和文化的调整。通过不断优化和创新，专精特新企业能够更好地实现数字化转型，并在市场中取得竞争优势。

（2）专精特新企业数字化转型面临一定的挑战。本章从技术、组织、人才、安全和政策五个方面分析了目前专精特新企业在数字化转型道路上需要克服的困难。

（3）专精特新企业的数字化转型是一个复杂而重要的过程。要实现成功的转型，企业需要关注并把握好重要影响因素，如技术基础设施的建设与优化、数据驱动的决策、创新文化及人才的培养、敏捷的组织架构、客户体验的优化、风险管理与安全保障、跨界合作与生态建设、持续学习与适应能力等。通过充分发挥数字化转型的作用，企业可以提升效率、创新竞争、提升用户体验、优化决策、构建智能化运营体系和开放创新与生态。

（4）组织变革是专精特新企业数字化转型中不可或缺的环节。通过重塑组织文化、调整组织结构、强化领导力和激发员工参与，专精特新企业能够更好地适应数字化转型的需求，在竞争中获得优势并实现可持续发展。

（5）本章分别从技术赋能、平台赋能和生态赋能三个方面分析专精特新企业数字化创新生态系统。数字化创新生态系统为专精特新企业提供了重要的机遇和平台，能够帮助企业快速响应市场变化，实现加速发展。通过构建开放、协作、共赢的数字化创新生态系统，专精特新企业可以与多方合作伙伴共同探索和实施数字化创新项目，加速创新跨越，实现可持续发展。

第 6 章

专精特新企业发展优势重塑

"专精特新"概念的提出,旨在构建一套新的企业发展体系,挖掘中小企业在市场竞争中的相对优势,这种优势可能体现在专注于某个细分领域,在该领域通过对技术工艺、管理水平、品牌作用、创新能力等多维度的打磨,打造成细分领域的"隐形冠军",成长为中小企业中的"小巨人"。引导中小企业走"专精特新"发展之路,是实现中小企业可持续发展和转型升级的重要途径之一。此外,数字经济的发展给中小企业带来了难得的发展机遇,数字化在助力中小企业降本、增效和提质方面发挥着日益重要的作用,数字化转型已成为中小企业走"专精特新"之路的必然要求。然而,在数字化转型的大潮中,许多中小企业面临着成本受限、转型能力不足、转型路径不清晰等挑战。

因此,本章在专精特新企业现有竞争优势的基础上,提出进一步重塑企业在可持续发展、数字化转型和绿色创新发展道路上的新优势。首先,从政策、创新和技术、人才以及品牌四个方面论述专精特新企业的竞争优势;其次,指出专精特新企业当前面临融资难、数字化积极性不高、创新协同与市场拓展存在风险三大困境,进一步强调政府在这三个方面的引导作用,并与专精特新企业共同探寻可持续发展新路径;最后,探究数字化转型如何赋能企业绿色创新发展,同时提出相应的措施促进专精特新企业绿色创新的提升。

6.1 专精特新企业竞争优势

6.1.1 政策优势

我国中小企业"专精特新"化发展是大势所趋。随着我国产业转型升级步伐的加快，培育一批成长性高、创新能力强的中小企业已经成为当前我国政府工作的重要任务。2019年国家级专精特新"小巨人"企业培育计划正式实施，2021年中共中央政治局会议首次在中央层面提出"专精特新"，这标志着"专精特新"迈入加速发展阶段。近年来，工业和信息化部作为主管部门，积极开展优质中小企业梯度培育工作的宏观指导、统筹协调、监督检查和动态管理，推动专精特新"小巨人"企业认定工作，并计划在"十四五"期间累计安排100亿元以上的中央政府奖补资金以重点支持国家级专精特新"小巨人"企业高质量发展。实施优质中小企业梯度培育计划，深入开展大中小企业融通创新"携手行动"，实施中小企业知识产权战略推进工程，支持专精特新企业参与制造业强链补链稳链；计划培育形成百万家创新型中小企业、十万家专精特新企业、万家专精特新"小巨人"企业、千家制造业单项冠军企业，推动中小企业"专精特新"发展。截至2022年，专精特新企业表现出强大的韧性与活力，企业发展取得显著成效，创新能力加速跃升；累计培育1186家制造业单项冠军企业、8997家专精特新"小巨人"企业、7万多家专精特新企业，未来有望超额完成"十四五"期间关于专精特新企业培育的规划目标（图6-1）。

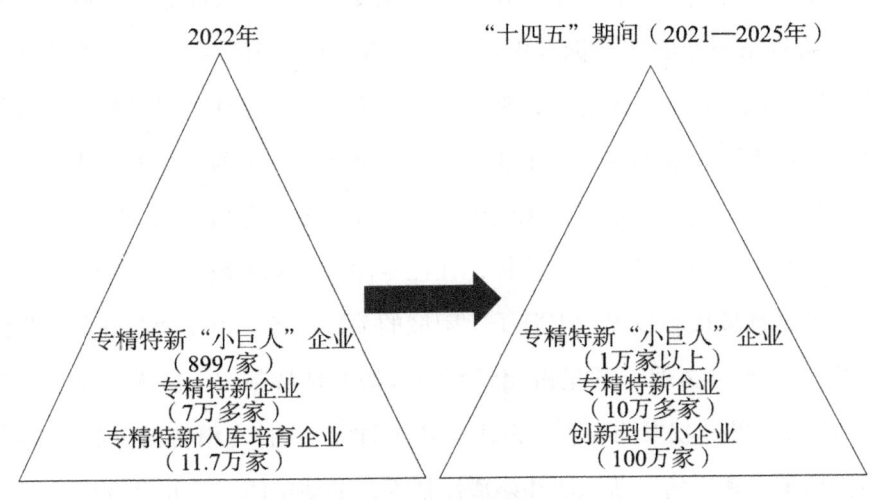

图6-1 专精特新企业的培育现状及未来规划

一方面，政府以认定奖励、资金补贴、资源倾斜等方式直接支持专精特新企业发展；另一方面，通过政策引导、建设精准对接服务平台并以提供机构补贴和研发补贴、购买服务、风险共担等形式，鼓励各类机构为专精特新企业提供人才、技术、资金、市场及其他专业化服务。对于国家而言，培育专精特新"小巨人"企业有利于落实创新驱动发展战略，增强产业链供应链稳定性和竞争力，打破国外技术封锁和制裁，提升国家战略安全和经济安全。同时，"小巨人"企业发挥强链补链的关键作用，可以推动产业链上中下游融通发展，促进就业岗位的增加。

6.1.2 创新和技术优势

中小企业往往以其灵活的决策机制和敏锐的市场感知能力推动着技术进步的进程。虽然从资金实力来看，大企业可能有着更强的研发能力，但在面向市场的应用领域，中小企业的研发速度和效率都可能更高。具备持续创新能力的专精特新企业可以在研发设计、生产制造、市场营销、内部管理等方面不断创新并取得比较显著的效益。"专精特新"的独特内涵是以创新能力建设为基础，强调专业化、精细化、特色化发展，其灵魂是创新。并且，在评价专精特新企业的四类标准中，专业化指标重点衡量企业主营业务的专业化程度、成长性及市场地位，新颖化指标重点衡量企业的创新能力。专精特新"小巨人"企业的培育，主要是面向以创新驱动为前提、专注于细分市场、市场占有率高、质量效益优的中小企业佼佼者。专精特新"小巨人"企业作为中小企业中最具活力的群体，往往专注于利基领域或新兴产业，承担着解决关键领域核心技术"卡脖子"困境的关键任务。根据智慧芽的数据统计，截至2022年6月，数量占比仅0.04%的专精特新"小巨人"企业创造了15.16万件的授权发明专利，占比达到4.64%。支持专精特新企业的发展，将给市场带来新视角、新想法和颠覆性技术，推动整体进步和经济增长。

在一系列政策的推动下，我国专精特新"小巨人"企业取得了突出的知识产权成果。五批专精特新"小巨人"企业平均专利数量整体维持在较高水平，体现了其创新能力强的显著特征。专精特新"小巨人"上市企业平均每家企业拥有专利约 115 件，平均每家企业拥有发明专利 74 件。例如，上海司南卫星导航技术股份有限公司（以下简称司南导航）是国内自主掌握全球导航卫星系统（GNSS）高精度定位模块关键核心技术，并成功实现规模化市场应用的创新型企业，也是工业和信息化部公布的第三批专精特新"小巨人"企业之一。截至 2023 年，司南导航已主持或参与 4 项国际标准、17 项国家 / 行业 / 团体标准的制定。自 2012 年成立以来，司南导航在 10 余年里凭借关键核心技术 6 次承研国家北斗重大专项项目。10 余年来，司南导航在关键核心技术突破有效缓解了北斗卫星系统关键芯片"卡脖子"问题。司南导航 2018—2022 年技术研发情况如表 6-1 所示。

表 6-1　司南导航 2018—2022 年技术研发情况

年　份	营业收入 / 万元	研发投入占比 /%	新增专利数量	研发人员占比 /%
2022	33565.02	20.48	20 项（美国发明专利 1 项）	31.60
2021	28819.01	22.86	13 项（美国发明专利 4 项）	32.27
2020	28730.30	22.33	7 项（美国发明专利 1 项）	33.42
2019	21415.10	23.14	5 项（发明专利 3 项）	33.24
2018	19111.79	22.60	3 项（美国发明专利 1 项）	31.23

注：数据源于年度报告，根据四舍五入法保留 2 位小数。

6.1.3　人才优势

创新驱动本质上是人才驱动，专精特新企业的人才支持主要包括人才招引与培育两部分。在政府的引导下，高校院所、人力资源服务机构、大型平台企业等主体均参与到人才招引相关工作中，为专精特新企业招才引智提供了帮助。根据央视新闻报道，2023年，工业和信息化部联合教育部举办了全国中小企业网上百日招聘高校毕业生活动，已有63万家中小企业参与活动，发布461万余个岗位，学生投递简历数达到1331万份。在人才培育方面，主要通过提供教师资源、学生资源、实习实训资源、专业服务、市场渠道等，为专精特新企业培育管理型、创新型和技能型人才。例如，聘请高校、科研院所、大型国有企业中的各类专家服务企业人力资源管理工作，并且建立专家服务基地和专家直联服务点，以此带动企业开展技术管理型人才培养工作。为了促进专精特新企业发展，各地推出了人才培养支持措施。例如，湖南省印发《人才赋能专精特新中小企业高质量发展十条支持措施》，为培养高素质的创新型人才提供了政策支持。对专精特新企业人才的培育有助于实现中小企业人才结构优化和促进就业岗位增加。

6.1.4 品牌优势

品牌不仅是产品质量的保证，还是企业形象的重要标志。一个成功的品牌不仅能给企业带来知名度和美誉度，还能给企业带来更多的经济效益。专精特新企业专注于某一行业领域，做专做精核心产品，坚持创新发展，建立起独具特色的企业品牌，成长为细分市场的隐形冠军。专精特新企业借助政府力量拓展品牌市场主要有两种方式：一是政府加强采购力度，扩大企业G端市场；二是通过举办展会展览、制定产品推荐目录等形式，加强政府对专精特新企业创新产品及服务的宣传，从而助力企业拓展B端、C端市场。此外，政府部门通常会与大型企业、市场推广领域的专业机构合作，以达到更好的宣传效果。政府助力专精特新企业拓展品牌市场，有利于提高企业在相应细分市场的地位，有利于企业品牌打造和产品市场推广，并提高专精特新企业群体的知名度、影响力和市场份额。

6.2 专精特新企业可持续发展

6.2.1 专精特新企业可持续发展困境

2023年7月26日，在2023全国专精特新中小企业发展大会上，国务院副总理张国清表示，要大力支持中小企业强化科技创新，引导中小企业加快转型升级，鼓励中小企业开拓国际市场，持续优化中小企业发展环境。专精特新企业以创新为魂，聚焦细分市场，更强调专业化程度，通过产业分工、利润分层获得行业领域内的相对优势，具有极高的成长性和竞争力。当前，专精特新企业也面临成长难题，主要表现为持续创新能力有待提升、创新协作能力有待加强、融资难融资贵问题有待缓解、营商环境有待改善等。专精特新企业在资金支持、数字化、创新协同与市场拓展方面仍有较为急迫的诉求未能得到满足，这些问题限制了其长期可持续发展的潜力。

资金方面，专精特新企业同众多中小企业一样面临融资难题。根据艾瑞咨询《2021年中国中小微企业融资发展报告》提供的数据（图6-2），虽然我国小微企业贷款余额规模从2016年的27.7万亿元增长到2020年的43.2万亿元，年复合增长率达12.2%，但以我国小微企业的GDP占比、税收占比为基准，以大中型企业的融资情况为目标，估算小微企业的贷款空间，预计分别为2020年年末实际贷款余额的2.3倍、1.5倍，反映出我国小微企业的经济贡献与金融机构对小微企业的贷款支持不匹配，小微企业贷款业务仍然存在市场空间。特别是对于专精特新企业而言，与一般的小微企业相比，由于专精特新企业具有专业化、新颖化的特征，且作为成长中的中小企业，难免受到原始资金需求量大、投资回报周期较长、轻资产无传统抵押物、信用等级缺乏或偏低等因素的影响，导致不受传统融资渠道青睐，部分专精特新企业融资难、融资贵的问题相较一般中小企业更加突出。因此，通过探索可靠的融资模式，破解专精特新企业的融资难题，对于专精特新企业的发展具有至关重要的意义。

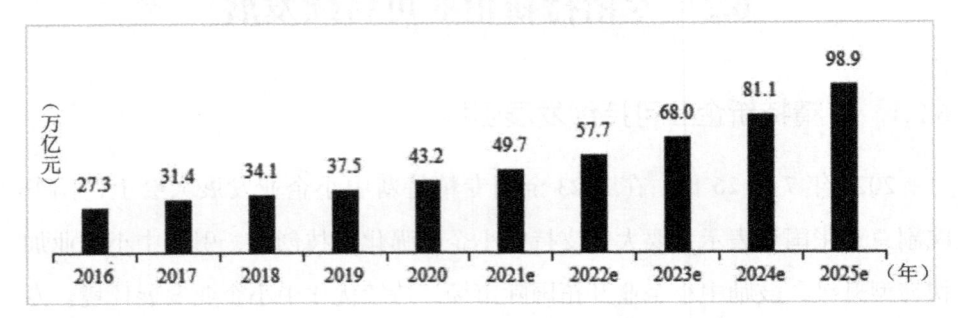

图 6-2 2016—2025 年中国小微企业贷款余额规模

注：小微企业贷款余额为银行业金融机构与小贷公司提供给小微企业的贷款余额之和。

数字化方面，中小企业相对缺乏数字营销能力和信息化安全措施，与当前数字经济、网络营销发展的主流趋势相比仍然存在一定差距。面对新市场开拓，中小企业手段有限、途径较少，难以打破现有市场利益格局或融入新的销售体系，数字化经营模式难以建立。中小企业缺乏对数字技术应用前景的认识，也存在对数字化转型的风险忧虑，在数字化转型上无从下手，"不愿转"和"不会转"问题突出。而且，中小企业数字化转型基础薄弱，信息化程度不足，直接迈向数字化存在技术应用和业务适配上的短板。而专精特新企业行业垂直度高、专业性强，泛化的数字化解决方案往往不能满足其转型升级需求，需要了解细分领域的数字化厂商提供更加符合垂直行业特征的定制化解决方案。此外，数字化转型投入成本大、收益难以估计也是很多中小企业数字化转型积极性不高的重要原因。截至 2022 年，在制造业领域，目前国家级专精特新"小巨人"企业的数字化转型程度深于省级专精特新"小巨人"企业，省级专精特新"小巨人"企业则比未被认定的企业整体转型程度更加深入（图 6-3）。

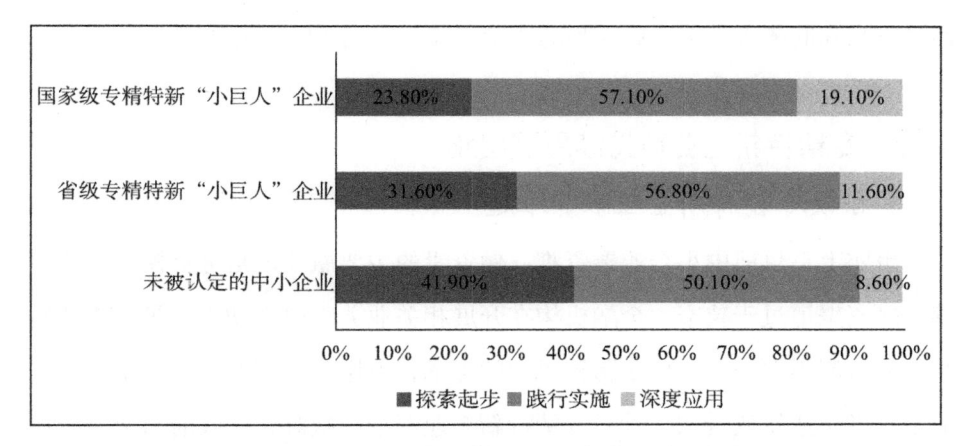

图 6-3　制造业领域专精特新企业数字化转型程度

资料来源：中国工业互联网研究院，前瞻产业研究院。

创新协同与市场拓展方面，我国尚未形成成熟的产学研用融合的协同创新体系，技术创新协作模式和利益分配机制尚不清晰，科技成果转化不畅，导致科研机构成果闲置、产业领域产品创新不足。而且，当前市场垄断势力压制了中小企业的创新发展，部分地区仍然存在懒政怠政等问题。除此之外，专精特新企业需要比一般中小企业更强的创新资源供给与更丰富的市场拓展机会，这样才能满足新颖化与精细化发展的要求，因此专精特新企业面临更为严峻的创新协同与市场拓展难题。在专精特新企业不断向"创新"迈进的过程中，风险始终贯穿在研发、生产、销售、管理等各个环节。在研发阶段，专精特新企业不仅面临技术的创新，还面临服务体制和模式的创新。在生产过程中，科技人员的流失，再加上研发的高投入，以及设备损耗、知识产权保护意识弱等，都会给专精特新企业带来巨大损失。在科技成果转化阶段，能否转入实践应用以及如何转入实践应用，对专精特新企业来说都是极大的挑战。很多科技成果最终只是一项专利，没有实际应用在企业的生产过程中，导致后期企业不愿意在科研中继续投入。在市场应用阶段，专精特新企业研发的产品或服务能否在市场上正常销售和运转，均存在极大的不确定性。当初决策研发时的市场需求调查结果在研发成功之后是否依然有效无法保证，而且产品和服务进入市场后面临的政策风险和市场风险亦无法避免。

6.2.2 专精特新企业可持续发展出路

1. 解决专精特新企业融资难题

事实上,目前中小企业融资难、融资贵的主要瓶颈还是融资模式创新不够、融资渠道过于狭窄,金融机构在开展相关业务时内生动力不足,相关激励约束机制不够完善,出于防控风险的考虑,不愿向包括专精特新企业在内的中小微企业发放贷款。针对专精特新企业资金短缺难题,政府与金融机构应各尽其能,加强合作,共同鼓励多样性的金融创新,从提供全生命周期的多元化服务、优化资金来源结构、完善信用评级体系等多方面,更加精准、更加高效、更加深入地促进专精特新企业大发展。

政府应积极改善专精特新企业的融资环境。首先,充分发挥财政资金的带动作用和地方融资担保基金的基础作用。以中央财政资金为先导,充分利用各省市已有产业政策资金,通过各地中小企业发展专项资金、万民创业小额贷款贴息等财政资金形式,重点投资部分优质专精特新企业,并引导融资担保和再担保机构支持专精特新企业发展。其次,统筹安排财政资金,对支持专精特新企业融资的金融机构予以奖补。对融资担保机构开展的专精特新企业信用担保贷款给予保费补贴,引导担保机构扩大业务规模,降低担保费率。最后,深化利率市场化改革,落实普惠金融定向降准政策。提高对各级各类商业银行中小微企业授信业务的考核权重,加大对专精特新企业的贷款发放力度,规范、降低或者减免对专精特新企业的各类银行服务性收费,降低专精特新企业的贷款成本。

金融市场支持专精特新企业发展还需与时俱进。第一,为企业提供全生命周期的金融服务。一方面,应结合专精特新企业的成长特点,建立全生命周期服务链条,精准赋能专精特新企业;另一方面,引入多元化金融工具,满足不同类型专精特新企业的融资需求，保障专精特新企业可持续增长。第二，优化资金来源结构，形成多层次的金融服务支撑体系。专精特新企业可以利用自身信用和权益之外的资源进行融资，包括生产资料、技术专利、应收账款、商业票据等各种形式的企业资产。债券市场方面，丰富交易品种、优化债券发行流程、提高中小企业集合债融资效率等都是未来创新的重要方向。第三，加快建设和完善专精特新企业信用信息共享机制、信用评价体系。一方面，通过体制机制的建立，减少金融机构与专精特新企业之间信息不对称所导致的逆向选择和道德风险，达到规范中小企业信用行为、降低金融机构风险的目的，进而为中小企业发展营造良好的融资环境；另一方面，鼓励更多的信用服务机构对专精特新企业的科技创新能力等进行评价，完善企业评级模型，增加"专精特新"评级元素，为企业获取融资提供便利。

2. 推进专精特新企业的数字化转型

在专精特新企业数字化转型的过程中，政府部门和企业均扮演着重要角色，政府部门以政策宣贯、资金支持等方式提升专精特新企业的转型意愿、减轻转型的成本负担，企业积极开展数字化转型的基础准备工作，以便更好、更快地完成转型过程。

政府推动专精特新企业数字化转型降本增效。在财政奖补政策方面，在充分发挥中央财政资金对中小企业数字化转型的带动作用的基础上，地方政府可以通过市级财政预算设立中小微企业发展专项资金，对中小企业数字化转型工作予以一定的财政资金支持，通过专项资金无偿补助或以奖代补方式对中小企业数字化转型中的研发投入和技术改造进行财政奖励。在税收优惠政策方面，在对研发投入实行加计扣除税收优惠政策的基础上，对中小企业数字化转型相关的软硬件投入实行相关税收优惠政策。鼓励中小企业加快数字化转型进程，开展科学的绩效评价，对取得良好成效的中小企业进一步加大财政奖补及税收优惠力度。同时，加强企业数字化转型的专业服务商的培育工作。通过培育一批中小企业数字化转型的专业服务商，结合行业特征，从数据处理、线上营销、远程协作和智能生产等关键环节入手，为中小企业打造一批可复制、易推广的数字化转型实施方案。

专精特新企业积极开展数字化转型的基础准备工作。一方面，完善企业数字化的基础设施建设，为数字化转型提供良好的基础。企业可以设立专门的数字化工作组，通过有效的信息化手段和措施，将生产经营数据进行标准化、规范化的采集、存储、处理和管理。充分做好数字化转型的数据准备工作，将企业内外相关数据信息完全整合起来，实现数据的交互共享，为提升数字资源的综合利用价值打下良好的基础。另一方面，加强企业数字化人才的引进和培育工作。企业数字化转型需要既熟悉内部生产工艺和管理流程，又掌握网络信息和数字技术的复合型专业人才。专精特新企业可以通过引进和培育的方式，打造优良的数字化专业人才队伍。此外，企业在数据收集和整理的过程中，必须加强对生产经验数据的分类整理，这样便于引进的人员掌握企业的生产工艺数据和管理流程，较快地进入角色开展数字化转型工作。

3. 引导专精特新企业的协同创新

进一步增强金融资本的支持力度，以高质量的现代金融体系服务于现代化产业链的构筑。在"补链"环节，补齐专精特新企业资本市场服务短板，为不同类型的科创主体提供更为精准、有力的资金支持，激励专精特新企业勇于探索新的领域，丰富和拓宽现有的产业布局。除此之外，全国统一市场通过削弱地域性的保护势力，可以打破生产要素在城乡之间、地域之间、产业之间的流通壁垒，有效缓解地方政府对市场过度干预、过度管制等状况，进一步降低专精特新企业的要素成本，充分挖掘企业研发创新的资源禀赋，更好地激励具有创新潜力的专精特新企业不断开拓研发领域，丰富我国产业结构的完备性。

政府引导中小企业、大型企业、科研院所等主体协同创新。以政府引导为主，加强产业链上大中小企业之间、高校和科研院所与专精特新企业之间的协同合作，基于稳定的价值链和知识网络构建创新发展共同体，从而形成高效、开放、融通的企业创新生态体系，引导资金、技术、人才等创新要素和资源向专精特新企业集聚，为提升企业创新能力不断提供动力。建设大中小企业融通生态，在融通创新中为专精特新企业有效汇集创新资源，推动产业链与创新链融合发展。大中小企业融通发展是发挥大企业示范带动作用，促进中小企业"专精特新"发展的重要手段。大企业与专精特新企业可从创新链、产业链、供应链、数据链、资金链、人才链、服务链入手，实现全面融通发展，构建相互依存、相互促进的大中小企业发展生态。

6.3　企业数字化转型与绿色创新

6.3.1　企业绿色创新

对于绿色创新的定义，学者们尚未达成统一共识。国内学者对绿色创新分别进行了广义和狭义上的解释。广义上来说，绿色创新可以看作是对生态发展有帮助的企业整体性规划、为环境管理活动顺利进行采用的一些非技术手段以及在产品设计和生产的整个过程中进行的技术创新的总和；狭义的绿色创新主要针对的是技术手段的创新。绿色创新的目标是追求企业与环境的"双赢"，同时兼顾企业的经济效益与环境效益，将环境维度纳入企业的战略管理中，以实现可持续发展。

关于绿色创新维度的划分，大部分学者遵循传统的角度，从产品、工艺、管理等角度出发，将绿色创新细化为产品创新、流程创新、工艺创新、管理创新等维度。其中，绿色科技创新主要是结合企业发展战略，针对低碳能源、低碳产品、低碳技术、前沿性适应气候变化技术、碳排放控制管理等进行创新活动；绿色流程技术创新主要指在绿色产品设计、绿色材料、绿色工艺、绿色设备、绿色回收处理、绿色包装等全流程实施技术创新；绿色管理创新涉及绿色企业管理机制、绿色认证与标准体系、绿色成本管理创新，是指采用先进的生产方式，建立绿色营销机制、绿色网络化供应链、环境评价与管理系统以及友好型社会责任体系。

6.3.2 数字化转型赋能企业绿色创新发展

随着全球数字经济的迅速发展，我国作为当前世界上规模第二的数字经济大国，正迅速从数字消费生产领域向绿色生产消费领域拓展，数字化转型正逐渐成为引领我国企业绿色价值创造的一个新兴经济红利。从企业自身发展的角度出发，数字化浪潮的到来打破了传统的信息壁垒，能够快速让企业识别到绿色发展机遇，赋能企业绿色创新发展。而作为数字化转型的主力军，专精特新企业是创新驱动的主要载体、新发展格局的关键稳定器。专精特新企业要在动态变化的市场和技术环境中识别出绿色发展的新机遇，为绿色创新的应用和发展寻找新的切入点。

1. 数字化转型通过降低企业成本促进绿色创新

第一，数字化转型有利于降低企业的减排成本，提高绿色创新水平。企业的数字化转型是数字技术在企业运营过程中不断被应用的过程，也是数据作为基本生产要素被使用的过程，有利于提升减排绩效。具体机制如下。一是利用数字技术可以有效整合企业内外部信息，实现绿色创新过程中对信息的传递和共享，并为跨部门绿色协同创新创造条件。二是运用大数据技术可以有效提升企业对能源投入结构、污染排放量以及绿色减排技术等数据信息的收集和综合分析能力，提升企业进行减排预测和相应决策的能力。三是借助于数字网络技术可以提升企业绿色技术研发、技术创新和成果转化能力，特别是清洁生产技术或末端治理技术等绿色技术，显著提升企业的绿色创新效率。四是利用数字化技术可以有效跟踪企业原材料、能源消耗及废弃物产出状况，制定和实施更加精准的企业排放方案及策略。

第二，数字化转型有利于节省绿色创新过程中的交易成本。企业数字化能够有效降低企业所面临的外部交易成本，削弱企业绿色创新活动面临的成本约束。在企业数字化转型过程中，数字技术的发展不仅能够降低信息不对称所带来的搜寻、协商、谈判和监督等外部成本，还能够通过信息技术化赋能组织管理，提高信息透明度和实效性，促进企业内部治理机制与外部数字经济发展环境协调互补，从而降低企业绿色创新过程中面临的内外部交易成本，为企业绿色创新提供有效激励。

第三，企业数字化转型有利于降低绿色创新过程中的代理成本。企业数字化极大地丰富了企业业绩信息和环保信息披露的渠道与方式，提高了企业的信息共享能力，降低了外部利益相关者与企业之间的信息不对称程度，有助于外部投资者及时掌握企业的绿色创新动态，更好地参与企业的环境治理（如 ISO 14001 认证），为企业绿色创新带来更多的外部资源，促进企业绿色研发创新水平的提高。从绿色创新中的市场融资角度看，面对不完全资本市场，企业数字化有利于降低企业处理海量信息的成本，大大拓展市场内外部信息的共享范围，提升企业信息使用的准确性、及时性，有效降低资本市场的信息不对称程度，提升企业绿色创新融资效率。

2. 数字化转型通过提高资源配置效率促进绿色创新

第一，有利于提升企业绿色创新投资的资本配置效率。随着企业数字化转型的实施，企业可以借助互联网、大数据、人工智能等新一代信息技术对绿色创新过程中的各类信息进行挖掘、加工、储存和应用。特别是随着数字化转型的深入，企业将绿色创新过程中的数据编码输出成标准化、结构化信息，有利于增加企业获取信息的深度和广度，有效提升信息的可追踪性和完整性，从而精准分析潜在绿色投资机会的回报率，尽可能地避免将资本配置到低回报率甚至负回报率的项目中去，提升企业绿色创新投资的资本配置效率。在进行绿色投资和创新的过程中，企业通过深入挖掘市场相关重要信息，准确把握市场供求关系，有效识别市场机遇并规避市场风险，合理引导绿色创新投资的资本流向，提高绿色创新要素配置效率。

第二，有利于提升企业绿色产品生产运营过程中的要素配置效率。企业数字化转型的要义是通过数字化技术的广泛深入应用，重塑企业运营模式、组织结构和管理架构，使企业从工业化管理转向数字化、智能化管理。对于企业的绿色产品创新与生产来说，数字化转型有利于增强企业的信息获取和处理能力，帮助企业识别外部信息的价值并优化其业务和战略，明确产品和服务的提升方向，拓展产品线宽度，制订以用户个性化需求为核心的绿色创新产品发展规划，以捕捉潜在市场和边际市场的发展机遇，从而优化生产要素配置。例如，设备运行中的在线实时数据，可以成为产品性能改进、精准定位长尾客户群体潜在需求的重要数据来源，并通过机器学习、应用、持续反馈与持续更新，以优化既有要素组合的方式，引导绿色创新要素的合理化配置。借助数字技术可以识别企业的风险偏好，如企业可以通过数字化技术实现供应链连接和数字客户交互，实现外部有价值的数字资源与各种现有资源的匹配，并通过改善和加强与客户和供应商的关系来提高资源匹配的效率，形成用户黏性。数字化转型有助于减少绿色创新要素的流动障碍，优化不同创新环节中各种要素的配置，为企业开发绿色创新产品或技术提供有力支持。企业还可以有效整合消费者和下游企业的需求信息，匹配供应链中上游和下游企业的信息，以及企业内部生产过程的数据。数字技术的应用有利于克服绿色产品生产过程中资源配置的地理和技术距离，促进企业内部隐性知识显性化，提升企业的知识学习能力和绿色创新能力。

第三，有利于提升政府配置绿色创新资源的效率。从政府进行环境决策和进行绿色治理角度看，政府补贴是企业绿色创新的重要资金来源。数字化转型提高了企业的环境信息透明度和有关部门筛选信息的能力，有利于向政府部门发送相对真实的企业绿色发展信息，有助于降低政府做出环境决策和进行绿色治理的成本,并且有利于政府更准确地向数字化转型程度较高和绿色创新绩效较好的企业发放政府补贴。以碳交易市场为例,政府通过能源与碳信息监测管理,利用物联网、云计算、大数据等数字技术进行数据采集和模型分析,及时掌握碳排放目标的完成进度及预测等信息,形成碳排放实时监测网络,识别真正的"绿色"企业,提高政府补贴的准确性。

3. 数字化转型通过增强研发能力促进绿色创新

绿色研发无疑是企业绿色创新发展的根本驱动力。企业数字化转型通过促进企业绿色技术研发与创新,为绿色创新发展注入强大的动力。首先,数字化转型通过促进知识流动提升绿色技术创新效率。从本源上说,技术包括与生产有关的知识,技术创新实际上也是实现知识创造和能力构造的过程,是知识积累、学习与运用的过程,而知识的积累、学习与应用则是通过知识的流动或外溢实现的。在数字化转型过程中,企业借助于数字技术、智能技术,加强与外部合作伙伴的知识交流与合作,能够产生显著的知识溢出效应,减少关于新知识的信息不对称,增强企业绿色技术研发与创新能力。数字技术还可以通过数字社交平台支持企业与其他创新主体成员之间进行非正式的人际交互,为隐性知识的交流提供有效途径。其次,数字化转型为强化企业绿色技术创新提供有效激励和有力支撑。一是企业数字化转型促进数字技术的更新迭代,将基础数字化技术与企业特定技术进行有效协同,从而产生明显的技术溢出效应,刺激企业持续进行绿色技术创新。二是借助于大数据、人工智能等新一代信息技术促进科技创新模式和机制不断优化,为企业加快绿色发展领域的关键核心技术创新突破,有效破解现实存在的绿色技术低端锁定提供了契机和条件。三是提升绿色技术研发过程中的协同创新能力。企业为加快绿色技术创新,与高校、科研机构等形成合作创新联盟或创新共同体,借助于数字技术、网络技术和智能技术,实现各合作主体间的创新知识共享、科研设备共用、科研人员协同等,通过与商业生态圈内合作伙伴的创新活动进行协同合作与资源整合，从而促进绿色创新。

6.3.3 专精特新企业绿色创新的提升路径

在低碳经济已经成为主流发展目标的当今时代，专精特新企业必须将绿色低碳纳入发展规划，结合数字化转型积极提升绿色创新发展能力，为进一步实现企业长期可持续发展提供基础性力量。为有效推进专精特新企业数字化转型，加快绿色技术创新，除了获得政府的支持政策外，专精特新企业还应重点采取以下对策。

1. 构建数字回收和运维管理平台，助力企业降本增效

利用数字技术构建数字化回收平台，加强网络主设备、配套等设施的全生命周期管理，通过原料废料再利用、能源综合管理等途径，改善工艺流程，推动专精特新企业绿色低碳发展。利用数字技术构建设备全周期运维管理平台，通过集中监控、资源规划等管理模块实现成本优化，提高基础设施资源利用率，降低能源消耗和人员成本。

2. 构建企业绿色制造信息系统，提升要素配置能力

企业绿色制造信息系统是以绿色价值创造为导向，综合运用数字化信息技术、制造技术、绿色环保技术以及管理技术的系统。该系统将绿色发展信息、绿色技术、企业管理和绿色资源进行有机集成，不仅可以优化专精特新企业的资源配置，还能有效协调企业各部门之间的分工与协作，降低企业绿色创新成本，提升企业绿色价值创造的效率与质量。这将推动企业实现从绿色设计、加工、制造到市场价值转化的数字化管理，最终达到数字化全过程的目标。

3. 成立或参与数字化绿色制造联盟

绿色制造是专精特新企业获得可持续竞争优势的必然选择，借助数字化技术建立绿色制造联盟，能够打通"政府—科研机构—企业—供应商—金融机构"之间的信息传递及数据交换渠道，因此，数字化绿色制造联盟是实现专精特新企业绿色制造与数字化深度融合的重要途径。联盟成员之间可以利用物联网、大数据、区块链、人工智能和云计算等技术建立绿色制造体系，而作为联盟关键节点的企业则可以充分利用联盟成员的优势与资源，构建属于自己的绿色供应链，通过与供应链上下游企业间的协调合作，为绿色制造全过程优化配置资源，从而最大限度提升企业的绿色创新效率，进一步推动企业绿色转型发展。

6.4　本章小结

本章在专精特新企业现有竞争优势的基础上，提出进一步重塑企业在可持续发展、数字化转型和绿色创新发展道路上的新优势。主要内容包括以下几个方面。

（1）从国家政策支持、创新能力与核心技术、人才招引与培育、品牌打造四个方面论述了专精特新企业相较于其他企业的竞争优势。

（2）指出专精特新企业当前面临融资难、数字化积极性不高、创新协同与市场拓展存在风险三大困境，进一步强调政府在这三个方面的引导作用，并与专精特新企业共同探寻可持续发展新路径。在资金方面，政府应积极改善专精特新企业的融资环境；金融市场支持专精特新企业发展需与时俱进。在数字化方面，政府推动专精特新企业数字化转型降本增效；专精特新企业自身应积极开展数字化转型的基础准备工作。在创新协同与市场拓展方面，进一步增强金融资本的支持力度，并由政府引导中小企业、大型企业、科研院所等主体协同创新。

（3）介绍了绿色创新的概念和分类，并从降低企业成本、提高资源配置效率和增强研发能力三个维度探究了数字化转型如何赋能专精特新企业绿色创新发展，同时提出专精特新企业绿色创新的提升路径。

综上所述，专精特新企业发展优势重塑需要加快企业数字化转型和绿色创新，同时政府和相关机构的支持也不可或缺。政府应在融资渠道、创新协同、人才引育、品牌市场、企业转型、精准对接服务等方面提供政策支持。此外，政府应与科研院所、金融机构、行业内龙头企业及专业化服务商等多元市场主体共同推动专精特新企业发展，打造专精特新企业服务生态。市场化服务商是各地政府培育专精特新企业的重要合作伙伴。以大型平台型企业、区域性科技服务机构、龙头型专精特新企业为代表的市场化服务商，通过政企合作的方式，服务于专精特新企业。专精特新企业自身要积极开展数字化转型的基础准备工作，加快绿色技术创新，在依靠自身发展优势和政府等各方助力的基础上更好、更快地完成转型。

第 7 章

专精特新企业高质量发展

推动专精特新企业高质量发展，需要强化相关服务和支持，需要助力其更多地融入产业链创新链，需要不断培育新动能、提升新势能。专精特新企业是未来产业链的支撑，是强链补链的主力军。

7.1 强化专精特新企业发展服务和政策支持

企业是创新的主体，是推动创新创造的生力军。在"科技自立自强"的时代大背景下，"制造强国""自主可控"成为我国制造业发展的主旋律。打造一批专业化、精细化、特色化、新颖化的专精特新企业是我国积极应对全球贸易保护主义和中美贸易摩擦等外部诸多不确定性，增强产业链韧性、实现科技自立自强的重要战略。党的二十大报告中提出，"支持专精特新企业发展"。习近平总书记致信祝贺 2022 全国专精特新中小企业发展大会召开时提出："希望专精特新中小企业聚焦主业，精耕细作，在提升产业链供应链稳定性、推动经济社会发展中发挥更加重要的作用。"这为专精特新企业深化改革、强化创新指明了方向。我国持续深化专精特新企业培育政策，不断更新专精特新企业的评价标准，推动专精特新企业政策从单一政策向梯度化政策体系转变，从点上支持到支持体系不断完善，政策范围从中央引领到各省市全面铺开，有效促进了专精特新企业的高质量发展，为我国提升产业链供应链稳定性和竞争力、构建"双循环"新发展格局储备了良好的产业和科技资源。一是专精特新企业的发展目标从"提量"向"质量齐升"转变；二是政策培育从点上支持向系统化支持转变；三是政策的集群式培育特征愈加显著；四是政策的部门联动更加紧密；五是全国各省市纷纷出台专精特新企业培育政策。

在专精特新企业发展过程中，政府部门、科研院所、金融机构、行业内龙头企业及专业化服务商共同构建了多元化的企业服务生态（图7-1）。其中，政府一方面以认定奖励、资金补贴、资源倾斜等方式直接支持专精特新企业发展；另一方面，通过政策引导、建设精准对接服务平台并以提供机构补贴和研发补贴、购买服务、风险共担等形式，鼓励各类机构为专精特新企业提供人才、技术、资金、市场及其他专业化服务。科研院所多在人才、技术等领域以项目合作、平台共建等形式与专精特新企业合作。金融机构为专精特新企业成长的不同阶段提供相匹配的科技金融服务。行业龙头多以工业互联网平台建设等形式与专精特新企业形成供应链协同。专业化服务商则一方面直接为专精特新企业提供数字化、绿色化、创新创业等服务，另一方面通过参与、支持科研院所、行业龙头与专精特新企业的合作构建服务生态。

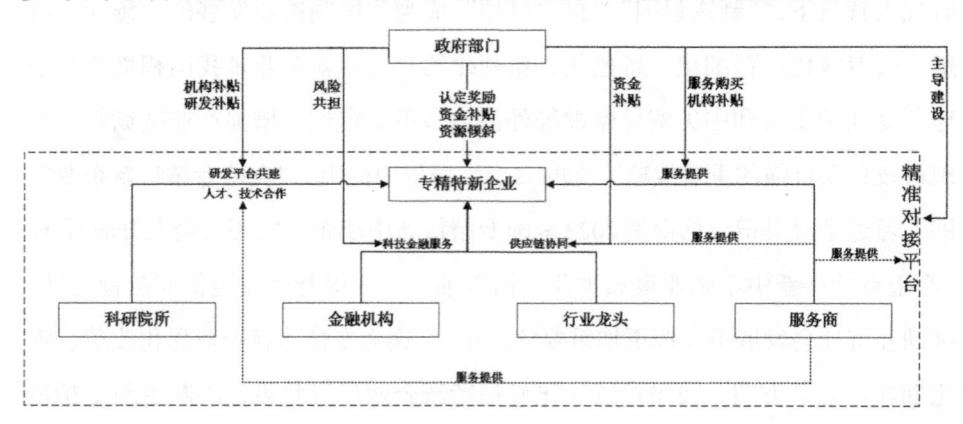

图7-1 专精特新企业服务生态示意图

"专精特新"服务体系，重点强化资金支持、创新协同、企业转型等政策举措。我国提出在"十四五"期间，努力推动培育一百万家创新型中小企业、十万家专精特新中小企业、一万家专精特新"小巨人"企业的目标。国家层面密集推出多项与加强专精特新企业培育相关的举措,重点关注资金支持、人才支持、创新协同、品牌市场、企业转型、精准对接服务六大方面。重点围绕专精特新企业全生命周期需求,引导各类市场化服务机构参与建设专属专精特新企业的服务体系。

(1)资金支持,重点关注财税与信贷支持及市场化融资。如中央财政中小企业发展专项资金安排 100 亿元以上奖补资金,支持千余家国家级专精特新"小巨人"企业;2021 年北京证券交易所开市,定位于服务创新型中小企业,聚焦专精特新企业等。

(2)人才支持,重点关注高层次人才的培训与供给。如在 2022 年全国中小企业网上百日招聘高校毕业生活动中开展专精特新中小企业硕博巡回招聘、直播带岗等活动;开展领军人才"专精特新"培训等。专精特新企业人才支持主要包括人才招引与培育两部分,相关工作推进过程中,在政府引导下,高校院所、人力资源服务机构、大型平台企业等主体均可参与其中,通过提供教师资源、学生资源、实习实训资源、专业服务、市场渠道等,为专精特新企业招才引智提供帮助。政府侧调研企业人才需求,发布"专精特新"人才需求目录,组织公益性招聘活动,并为专精特新企业聘用高层次人才提供奖补及政策优惠;高校院所加强与专精特新企业合作,建立高端科研人员互派、互聘等人才柔性引进和使用机制;人力资源服务机构为专精特新企业提供人才招聘、人才寻访、外包管理咨询等专属人力资源服务。

(3)创新协同,重点关注企业创新能力提升与产业链协同。如面向专精特新企业实施一批工程化应用验证项目;开展"携手行动",推动形成协同、高效、融合、顺畅的大中小企业融通创新新生态等。政府引导中小企业、大型企业、科研院所等主体协同创新。在加强专精特新企业协同创新方面,各地区多以政府引导为主,从加强中小企业自身创新能力、企业间协同合作、产学研合作三个方面,推动产业链与创新链融合发展。同时,引入专业化知识产权等科技服务机构,为中小企业、大型企业、科研院所等创新主体提供专业化服务。主要模式包括：支持企业加大研发投入，在国家政策基础上提升研发费用加计扣除比例；支持企业建设研发平台，按建设/研发投入的一定比例予以奖励；在地方重大科研专项中，设置面向专精特新企业的专题板块；支持企业建立研发准备金制度，按研发投入新增部分的一定比例予以奖补。建设大中小企业融通生态，促进优质资源向中小企业流动。大中小企业融通发展是发挥大企业示范带动作用，促进中小企业"专精特新"发展的重要手段。大企业与专精特新企业可从创新链、产业链、供应链、数据链、资金链、人才链、服务链入手，实现全面融通发展，构建相互依存、相互促进的大中小企业发展生态。

（4）品牌市场，重点关注企业自主品牌建设与市场拓展。如在中国国际中小企业博览会等具有较大影响力的中小企业会议活动中，设立"专精特新"展区和专场，安排产品发布、企业路演、技术对接等系列活动。通过加强政府采购、市场宣传等，助力企业拓展市场。各地政府助力专精特新企业拓展品牌市场的方式主要包括两类：一是直接加大政府采购力度，扩大企业G端（政府端）市场；二是通过举办展会展览、制定产品推荐目录等形式，加强对专精特新企业创新产品及服务的宣传，从而助力企业拓展B端（商家端）、C端（消费者端）市场。

（5）企业转型，重点关注企业数字化、绿色化转型升级。如将中小企业数字化改造升级纳入专精特新企业培育体系和小型微型企业创业创新示范基地建设，予以重点支持；组织开展智能制造进园区活动等。政府部门联合市场化服务商共同促进专精特新企业数字化、绿色化转型升级。在专精特新企业数字化、绿色化转型过程中，政府部门与市场化服务商均扮演着重要角色。政府部门以政策宣贯、资金支持等方式提升专精特新企业转型意愿、减轻转型成本负担，市场化服务商则通过提供专业化服务协助企业更好、更快地完成转型过程。

市场化服务商是区域培育专精特新企业的重要合作伙伴。在专精特新企业服务生态中，除了各地政府在专精特新企业培育过程中发挥重要的主导作用外，各种市场化服务商也发挥了重要的作用，并通常通过政企合作的方式，服务于专精特新企业。服务于专精特新企业的市场化主体根据商业化模式的不同，大致可以分为三类，包括大型平台型企业、区域性科技服务机构、龙头型专精特新企业。其中，大型平台型企业由于掌握更多的产业及创新资源，往往除主营业务外还可为当地政府与专精特新企业提供多项生态营造类服务；区域性科技服务机构通常深耕某特定城市或城市群，凭借自身对区域产业需求的深入了解，聚焦创业孵化等某一特定的科技服务领域，提供具有区域特色的产品及服务；龙头型专精特新企业则往往借助自身在特定细分领域的专业化、特色化服务，帮助企业"专精特新"发展。

（6）精准对接服务，重点关注服务体系与平台载体建设。如着力支持打造大中小企业融通型等四类载体以培育更多专精特新企业；推动省级以上中小企业公共服务示范平台和小微企业创业创新示范基地建设等。建设专属专精特新企业的市场化、专业化服务体系，以公共服务平台建设等方式提升政策精准度与服务便捷度。各地政府为专精特新企业提供精准对接服务主要包括以下三类途径。①专精特新企业宣传。通过举办论坛、开通直播等形式，宣传专精特新企业典型案例。②建立专精特新企业档案。"一户一档"为专精特新企业建立企业档案，以提供一对一服务。③中小企业公共服务平台建设。建设地区统一的中小企业公共服务平台，链接区域范围内各小微双创基地及中小企业公共服务示范平台，通过政府购买服务等方式，引导市场化服务机构通过平台提供专精特新企业专属产品、服务。

各级政府和有关部门高度重视中小企业发展，相继出台了一系列促进中小企业发展的政策措施，形成了比较完善的财税、金融、社保、公共服务等政策扶持体系，为中小企业成长提供了政策保障。发挥政策引导和市场机制作用，调动和优化配置服务资源，推动形成以中小企业服务机构为核心，以行业协会（商会）和专业服务机构等为依托，各层级服务机构纵向贯通、各类服务机构横向协同、各类服务资源开放共享的中小企业服务体系。同时全面落实和完善促进中小企业和非公有制经济发展的各项政策措施，根据新情况、新问题研究制定新政策。消除制度性障碍，深化垄断行业改革，放宽市场准入，制定实施细则，鼓励和引导民间资本进入法律法规未明文禁止进入的行业和领域。

各省（区、市）部分专精特新政策分别如表7-1所示。

表7-1 各省（区、市）部分专精特新政策

发布省份	发布时间	政策名称	主要内容
北京	2019年12月	《关于推进北京市中小企业"专精特新"发展的指导意见》	结合北京实际，制定中小企业发展的指导意见
	2022年7月	《北京市优质中小企业梯度培育管理实施细则》	结合实际，培育一批专业精细、特色新颖的中小企业
上海	2022年6月	《专精特新中小企业认定标准（2022）》	制定认定条件，鼓励中小企业"专精特新"高质量发展
广东	2021年3月	《广东省工业和信息化厅关于组织开展2021年专精特新中小企业遴选工作的通知》	遴选专精特新中小企业，推动中小企业高质量发展
四川	2022年6月	《关于组织开展2022年度四川省"专精特新"中小企业培育工作的通知》	结合实际，培育并新认定一批专业精细、特色新颖的中小企业
浙江	2022年4月	《浙江省人民政府办公厅关于大力培育促进"专精特新"中小企业高质量发展的若干意见》	结合实际，提出浙江省专精特新中小企业发展的指导意见
天津	2022年6月	《天津市为"专精特新"中小企业办实事清单》	聚焦中小企业发展痛点、难点，提出解决举措
重庆	2022年2月	《重庆市推进"专精特新"企业高质量发展专项行动计划（2022—2025年）》	结合重庆实际，制订培育壮大一批"专精特新"中小企业的行动计划
江苏	2021年11月	《关于加快发展专精特新中小企业的若干措施》	结合江苏实际，提出加快专精特新中小企业发展的具体措施

第7章 专精特新企业高质量发展

发布省份	发布时间	政策名称	主要内容
福建	2022年5月	《"专精特新"中小企业培育库建设工作方案》	构建"专精特新"梯度培育体系，推动中小企业发展
湖北	2021年9月	《省经信厅办公室关于做好"专精特新"中小企业入库培育工作的通知》	培育各领域的专精特新中小企业，引领带动全省中小企业高质量发展
湖南	2021年2月	《湖南省专精特新"小巨人"企业培育计划（2021—2025）》	引领和支持中小企业提升专业化能力和水平，推动其"专精特新"发展
河北	2022年1月	《河北省促进中小企业"专精特新"发展若干措施》	结合河北实际，提出推动专精特新中小企业发展的措施
河南	2020年7月	《河南省"专精特新"中小企业认定管理办法》	制定认定办法，鼓励中小企业"专精特新"高质量发展
安徽	2022年2月	《安徽省专精特新中小企业倍增行动方案》	以优质企业梯队建设为抓手，做强做优做大专精特新企业群体
山东	2020年9月	《山东省"专精特新"中小企业认定管理办法》	制定认定办法，鼓励中小企业"专精特新"高质量发展
山西	2021年4月	《山西省小企业发展促进局关于评选省级专精特新"小巨人"企业的通知》	评选省级专精特新"小巨人"企业，推动中小企业高质量发展
吉林	2022年1月	《吉林省人民政府关于实施"专精特新"中小企业高质量发展梯度培育工程的意见》	引导中小企业"专精特新"发展，着力培育具有吉林产业特色的专精特新中小企业
辽宁	2022年1月	《辽宁省工业和信息化厅关于开展2022年度"专精特新"企业梯度培育工作的通知》	引导中小企业逐步成长为冠军企业，提高中小企业整体实力
江西	2022年1月	《江西省为"专精特新"中小企业办实事清单》	为带动更多中小企业走创新发展之路，制定办事清单
内蒙古	2019年11月	《内蒙古自治区"专精特新"企业认定管理办法（试行）》	制定认定办法，推进专精特新中小企业培育工程，规范专精特新企业认定管理
海南	2021年6月	《海南省促进中小企业"专精特新"发展工作实施方案（修订）》	打造一批专注于细分市场的"小巨人"企业，引导促进海南中小企业持续健康发展

续表

发布省份	发布时间	政策名称	主要内容
贵州	2021年5月	《贵州省中小企业"专精特新"培育实施方案》	结合贵州实际，制定实施方案，推动中小企业"专精特新"发展，促进中小企业转型升级
陕西	2021年6月	《陕西省人民政府办公厅关于印发民营经济高质量发展三年行动计划（2021—2023年）的通知》	提出八个方面的专项行动，激发民营经济活力和创造力，加快推动民营经济高质量发展
宁夏	2022年3月	《自治区为"专精特新"中小企业办实事清单》	制定办事清单，支持专精特新中小企业高质量发展
甘肃	2022年3月	《甘肃省为"专精特新"中小企业办实事清单》	立足于专精特新中小企业发展的难点、痛点问题，制定具体办事事项，支持中小企业高质量发展
青海	2021年7月	《青海省"专精特新"中小企业认定管理办法》	制定认定管理办法，培育一批专精特新骨干企业，带动中小企业走"专精特新"发展道路
广西	2022年2月	《广西壮族自治区中小企业"专精特新"培育提升行动计划》	实施百家专精特新"小巨人"企业培育工程，促进中小企业高质量发展

7.2　专精特新企业多方位发挥补链强链作用

党的二十大报告中明确提出，着力提升产业链供应链韧性和安全水平。2021年7月30日，中共中央政治局召开的会议强调要开展补链强链专项行动，加快解决"卡脖子"难题，发展专精特新中小企业。这表明通过大力发展专精特新中小企业，加快解决产业链中的"卡脖子"这一具体的现实问题首次进入了高层的决策视野中，并由此成为当今理论界广泛关注、实务界亟待解决的产业经济问题。

补链强链专项行动就是要使产业链在必要时可以实现自主可控、自我循环，显然它是对"卡脖子"行为的自然正常反应。实施补链强链专项行动，培育专精特新中小企业，是在我国加快构建新发展格局的大背景下，深化供给侧结构性改革的一项重要内容，也是践行新发展理念的具体行动。当前，国内外政治经济形势变化错综复杂，供给侧结构性矛盾已突出表现为要在全球化运作的产业链中，重点解决某些核心技术、关键环节和重要产品设备的"补短板"问题，亟须依据"短边规则"效应拉长产业瓶颈环节，实现我国产业链供应链的自主可控、安全高效。如果我们不能通过加快实施供给侧的补链强链专项行动，解决这些瓶颈和短板问题，不但会导致产业链中企业的正常生产经营受困，经济增长迟滞，更重要的是不利于经济的高质量发展。构建新发展格局最本质的特征是实现高水平的自立自强。在尽快形成新发展格局的要求下，我国可以依托于强大的国内市场，通过国内价值链的建设，培育发展国内价值链的"链主"企业，从而推动产业链上形成各种隐形冠军。因此，培育专精特新企业，或培育具有"小巨人"特征的中小企业，或培育各种具有世界竞争力的隐形冠军企业，是基于忧患意识和抗争精神，针对供给侧的补链强链采取的措施，是在新发展阶段运用新发展理念，加快推动新发展格局形成的具体行动。

过去，在国内市场狭小、难以支撑超高速生产能力扩张的条件下，我国的经济全球化进程较多地利用了国际市场尤其是发达国家的市场，实现了"两头在外、两种资源、大进大出"为特征的以外循环为主带动双循环的发展格局，即过去的开放发展是以利用西方市场为主要特点的"客场全球化"。这样一方面就会出现对外充分开放而对内开放不足的现象。另一方面，随着国内国际政治经济形势的变化，我国急需把自己庞大的内需市场利用起来，实施在主场进行的经济全球化战略。例如：通过各种对内开放措施，利用内需拉动中国和世界经济增长；利用内需连接国内外市场，以国内市场循环带动企业参与国际市场循环，使经济运行通畅；利用内需向内集聚资源，虹吸全球人才、技术，发展创新经济；利用内需向外集聚资源，鼓励企业走出去，发展逆向外包；等等。显然，新形势下运用开放发展的理念，加快形成这种以国内循环为主带动双循环的新发展格局，应该一方面加快对内开放，尤其是要加大对以民营经济形式存在的专精特新中小企业的开放力度，另一方面加快建设强大的国内市场体系。强大的国内市场将不仅可以培育出内需导向的全球价值链"链主"，即规模巨大的市场主导型或技术导向型企业，而且可以推动这些"链主"从事"累积性或连续性"技术创新，诱导处于产业链中上游环节的中小企业从事具有"颠覆性创造"特性的技术创新，共同促进大中小企业在全球价值链上的协调均衡发展。

未来根据产业链自主可控、安全可靠的要求，我国一些重要的战略性产业必须依靠改革开放四十多年来积累的各种综合实力，依托强大的国内统一市场，从生产和需求两端发育，发展国内价值链的"链主"企业。"链主"有两类：一类是技术驱动型国内价值链的"链主"，另一类是市场驱动型国内价值链的"链主"。前者主要是掌握关键技术和研发能力的领先公司，适合于资本技术密集型产业，如生物医药、飞机制造等，由这些领先公司来制定价值链中的规则、标准并监督其实施，最终获取价值创造的绝大部分；后者是指拥有品牌优势和销售渠道的本土跨国公司，通过全球采购和国内外发包等方式，组织起跨国流通网络，拉动产业链上的国内外供应商一起成长，这种价值链主要指向服装、鞋帽、玩具、消费类电子等劳动力密集型产业，核心能力和产品增值主要来源于品牌、设计、市场、营销、网络等，典型例子是沃尔玛、耐克等"没有工厂的制造商"。发达市场经济国家跨国企业长期运作积累的经验表明，上述两类"链主"在国际市场竞争中必然会自己造就并自动形成所在产业链的"治理机制和治理规则"，并由此诱导或推动处于它们的供应商地位的隐形冠军企业的发育、成长和成熟,如培育自己稳定的供应商队伍,制定和监督投入品标准、产业链运行准则等。两类"链主"示意图如图7-2所示。

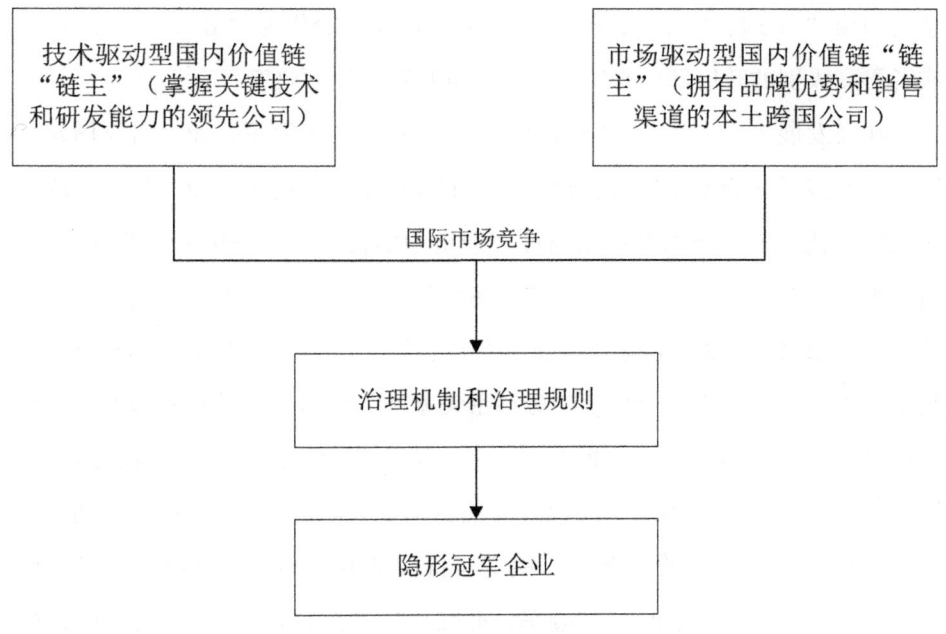

图 7-2 两类"链主"示意图

在形成国内价值链"链主"的过程中,除了要充分发挥"链主"治理的市场优势外,政府作为主要产业链的"链长",要帮助"链主"协调中间投入品以及重要生产要素的供应关系,要设计出相对完善的经济政策去鼓励一大批专精特新企业专注于产业链上的技术知识密集型环节,逐步积累知识、技术、人才和市场经验,把技术水准一层一层地往上提升,把市场一步一步落实,争取把这些产业的核心技术、关键部件和特殊材料的发展主动权牢牢地掌握在自己的手中。如在实施产业链"链长制"的条件下,要设法制定"链长"的工作职责和程序,画出所负责的主要产业链的技术经济关联图、企业供求关系图、核心技术专利图、地域分布热力图等,有针对性地开展技术攻关、招商引资、人才吸引、收购兼并、投资项目安排等,做好强链、固链、补链、紧链等工作。再如，实践中政府虽然强调要支持专精特新企业自主创新，但往往发现这些企业耗费大量人力物力突破核心技术"卡脖子"的难题，研发出国产的首台（套）重大技术装备后，却被国内市场的各种技术、制度、观念的门槛"卡了脖子"，无法落地。这时就需要政府作为"链长"出面协调，或者更高级别的政府部门来协调作为"链长"的地方政府。

在新发展格局下，通过国内价值链建设培育隐形冠军企业，需要扬弃我们过去所遵循的静态比较优势理论，不能仅仅实施"扬长避短"战略，认为我们缺乏优势而放弃对某些战略性产业链中的技术知识密集型环节的追赶，而应根据动态竞争优势理论，实施"扬长补短"战略，突破某些战略性产业链瓶颈的限制。过去在静态比较优势理论指导下长期采取"扬长避短"战略，其实是把自己定位于专业化生产劳动密集型产品的地位。随着我国发展水平的提升，以及要素成本的不断提高，这种定位除了很容易使我国遇到其他发展中国家的激烈竞争外，还很容易使我国陷入产能过剩的不良竞争境地。同时，也会被产业链的"链主"锁定在价值链的低端难以升级，造成粗放式发展；或被产业链中的隐形冠军企业断供或"敲竹杠"，从而影响国家的产业安全。实施"扬长补短"战略，也就是在某些战略性产业链中实施"全产业链"战略。考虑到国际分工，没有必要也不可能在所有产业领域和环节都取得绝对优势和控制地位。目前产业升级中欠缺的技术也不可能都由国家出面不惜代价地组织追赶。因此，应采取基于市场化运用的新型举国体制来强链补链：一是需要集中力量补最短边的那些"板"，由此取得更高的边际收益；二是更需要充分发挥民间、市场和中小企业的主体作用；三是不仅要进行技术攻关，还需要高度重视市场壁垒的破除。

在新发展格局下，通过国内价值链建设培育隐形冠军企业，要充分发挥强大的内需市场的作用。小国由于内需狭小，无法实现产业技术所需要的规模经济，因此只能被迫通过嵌入全球经济实现专业化分工和合作，从而建立起依赖外部关系的开放型经济体系。对于中国这样一个大国来说，依赖于不断增长的、规模巨大的内需市场，建设以内循环为主的开放的工业经济体系，将形成我国发展的相对乃至绝对优势。下一步，强大的内需市场就是我们实现这一战略目标的资源、工具和手段。强大国内市场的一个重要含义，就是要解决国内市场"卡脖子"的严重问题。如果说专精特新中小企业对技术的突破，是解决"卡脖子"问题的"前半篇文章"，那么在推进统一市场建设中破除市场壁垒，就是解决"卡脖子"问题的"后半篇文章"，要创造条件让专精特新中小企业跟国外产品在同一起跑线上进行竞争。

发挥"专精特新"优势，针对产业链强链补链进而实现整链提升，在当前宏观不确定性激增的环境中显得尤为重要。一是强化优势，形成核心竞争力。发挥"专"与"精"的优势，不是简单地巩固产业链，而是更专注于主营业务与精细高效的管理模式，利用专业化生产、服务和协作配套的能力与精细高效的制度、流程和体系，增强产品与服务在产业链环节中的优势地位，形成核心竞争力。二是补足短板，挖掘发展潜力。发挥"特"的作用，针对市场、特定消费群体，利用特色资源，采用独特的工艺、技术、配方等，提供独具特色的产品或服务，形成较大的影响力和较高的品牌知名度。同时，发挥"新"的动能，持续在产业领域、技术、工艺、模式等方面进行创新，提高技术含量或附加值，并获得自主知识产权。三是把握新基建契机，加快中小企业转型，促进全要素生产率提高。以新基建为契机，顺应数字技术浪潮，加快数字化转型基础设施建设，通过数字赋能传统中小企业。在强链补链的基础上，发挥专精特新"小巨人"企业的带头作用，利用科技创新的溢出效应，由点及面推动中小企业向"专精特新"转型升级，提高产业链上下游的协同能力，推动产业集群内的有效协作，增强联合抵御外部风险的能力，进而带动整个产业链高质量发展，拓宽企业增长空间。

7.3 培育新动能和提升新势能

专精特新企业培育新动能和提升新势能是指通过培育和发展专精特新企业，推动经济结构转型升级，培育新的经济增长动能和提升新的发展势能。推动专精特新企业高质量发展，需要不断培育新动能、提升新势能。通过数字化转型培育我国经济高质量发展新动能的机制在于以要素配置优化、规模经济、产业融合和创新驱动四个维度来培育新动能（图7-3）。

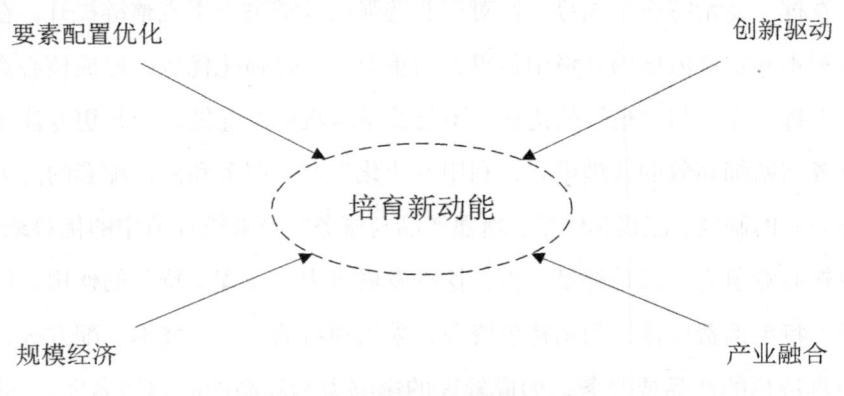

图7-3 培育新动能的四个维度

1. 培育新动能的要素配置优化机制

在数字化转型中，数字技术得到广泛使用，多个经济主体可以同时参与到生产流通环节，更多信息被更多生产商和消费者获悉，打破了传统经济中的信息不对称壁垒，可以减少市场失灵所带来的生产要素浪费，从而优化要素配置效率。数据要素通过给传统生产要素赋能实现生产要素的配置优化，使劳动力市场、资本市场中的闲置生产要素得到发现和充分利用。简单劳动力、闲置劳动力在数据要素的赋能下转变为掌握技术和知识的复杂劳动力，传统资本、闲置资本在数据要素的赋能下实现增值能力的显著提升。数据要素的使用使得传统生产要素投入的质量、数量以及要素组合方式发生新的变化，从而使得要素配置得到优化，要素生产率得到提升。

2. 培育新动能的规模经济机制

在传统经济中，企业由于受到边际报酬递减规律的影响，当扩大生产规模超过某一临界值时，企业每多生产一个产品所需要的单位成本即边际成本开始递增，规模报酬递减，随着生产规模的扩大，收益的增加值小于成本的增加值，甚至出现边际收益为零的情况。这就表明，在传统经济中，企业只能将生产规模维持在临界值，从而实现生产规模恒定不变的规模经济。而在数字经济中，数据要素的边际报酬递增、数据的协同效应以及新一代数字信息技术的有效使用决定了企业的边际成本趋于递减甚至趋近于零，此时企业在任何价格下的生产都是最大产量，企业的供给曲线是一条远离原点且平行于横轴的直线。在这种情况下，企业的生产规模不存在临界值，可以实现生产规模持续扩大的规模经济效应，即规模报酬递增。

3. 培育新动能的产业融合机制

首先，随着数字信息技术的快速发展，数字经济孕育出了新的产业集群，包括大数据、云计算、人工智能等数字产业集群，数字产业化规模不断扩大和发展，这也是数字经济发展过程中的初期经济现象。其次，在信息通信技术（ICT）的可获得性、强渗透性、广覆盖性和高创新性的作用以及数字产业的规模经济效应下，数字产业较高的水平外部性和垂直外部性开始发挥效用，数字产业化向产业数字化逐步扩散，产业数字化成为数字经济最显著的特征之一，也成为数字经济发展的主引擎。传统产业与数字信息技术的相互融合，改变了传统产业的生产经营模式，优化了要素配置效率和资源利用效率，企业可以通过大数据分析、云计算等精准获取消费者需求偏好，同时在"5G+工业互联网"等数字技术作用下，整合提升产业链的生产水平，及时调整和优化生产经营决策，从而提高企业的生产效率和经营效率。最后，数字经济的数字产业化和产业数字化也为数字经济和实体经济的深度融合提供强劲动能，实现产业结构的数字化转型，推动我国经济结构的优化升级，从而为我国经济高质量发展提供持续性的新动能。

4. 培育新动能的创新驱动机制

数字化转型背景下创新的核心是技术创新，技术创新是全面创新的引领，为我国经济高质量发展持续赋能。

要坚持供给侧结构性改革这条主线，使生产、分配、流通、消费更多依托国内市场，提升供给体系对国内需求的适配性，以高质量供给满足日益升级的国内市场需求。要坚定不移地实施创新驱动发展战略，培育新动能，提升新势能，建设具有全球影响力的科技和产业创新高地。当前，从中央各部门到全国各省市都在大力推动专精特新企业发展，中小企业需用好相关政策，聚焦专业细分领域深耕发展，持续打造个性化、特色化产品，在强化技术、管理、渠道等创新的过程中，激活发展新动能，提升新势能，实现自身的高质量发展。

培育新动能和提升新势能的关键措施如下。

（1）创新支持。加大对专精特新企业的创新支持力度，包括提供创业孵化、科技研发、知识产权保护等方面的支持，激发企业的创新活力。

（2）产业协同。促进专精特新企业与其他企业、研究机构、产业链上下游企业的合作与协同，形成产业生态系统，实现资源共享和优势互补。

（3）人才培养。加强人才培养和引进，培养专业技术人才和创新人才，提升企业的技术研发和创新能力。

（4）资金支持。为专精特新企业提供融资支持，包括风险投资、创业基金、科技创新基金等，降低企业的融资成本，促进企业的发展。

（5）政策引导。制定相关政策和措施，鼓励和引导专精特新企业的发展，包括税收优惠、减免行政审批等，为企业提供良好的发展环境。

通过培育专精特新企业，可以推动经济结构的优化和升级，提升产业竞争力，促进经济的可持续发展。同时，专精特新企业也能够带动就业增长，提高人民群众的生活水平，推动社会进步和发展。

7.4 专精特新企业数字化转型升级路径选择

企业数字化转型是指通过引入大数据、云计算、区块链和人工智能等数字技术实现企业优化升级和创新转型的过程。实施数字化转型可以改造提升行业传统动能，帮助企业有效降本增效，减少人力成本，加速产品迭代和提升制造的自动化程度。随着我国数字经济的发展，移动支付、网络直播、电商平台等商业模式已经得到了快速的发展。为了应对经济下行压力、扩大内需、推动产业转型升级，必须加快我国生产制造领域企业的数字化转型，构建整个产业链条全流程要素的数字化生态。

党的十九大以来，我国已经建成了全球规模最大、技术领先的网络基础设施，优良的数字化网络基础设施为我国中小企业的数字化转型提供了良好的机遇和环境。"十四五"以来，我国不少地方政府在数字基建、数字产业、数字转型等方面加大投入，产业数字化水平不断提高，数字经济核心产业增加值占地区生产总值的比重越来越大。根据工业和信息化部印发的《优质中小企业梯度培育管理暂行办法》，专精特新中小企业评价指标体系主要包括专业化、精细化、特色化和创新能力4类13个指标，其中数字化水平是评价其精细化程度的重要指标。因此，数字化转型是专精特新中小企业培育的重要内容。

当前我国各地政府普遍制定了相关政策文件，对"十四五"期间专精特新中小企业培育及数字化建设提出了明确的任务和行动计划。数字化转型不仅是专精特新中小企业培育的重要内容，也有利于中小企业快速走上"专精特新"发展道路。

专精特新中小企业数字化转型升级有以下路径。

（1）评估现状和需求。评估企业的数字化基础水平、企业经营管理现状、内外部转型资源等，了解企业数字化转型的需求和目标，确定数字化转型的重点。中小企业要开展数字化转型升级，必须细致规范地做好各项准备工作。政府部门通过不断完善企业数字化基础设施建设，主要是中小企业数字化转型云服务平台的建设，为广大中小企业进行数字化转型升级提供良好的基础，如为中小企业提供全过程、一站式、平台化服务，指导中小企业完成信息数据采集工作。中小企业可以设立专门的数字化工作组，通过信息化手段和措施，完成对企业生产经营数据的采集、存储、处理和管理。通过一系列的准备工作，将企业内外的数据信息完全整合和联系起来，实现数据信息的共享交互，为企业的数字化转型升级打下良好的基础。

（2）制定数字化转型战略。根据企业的需求和目标，制定数字化转型战略。在客观分析当前企业的数字化水平和所处的数字化转型发展阶段的基础上，统一指导思想和转型目标，明确转型的组织领导和工作机制，制定适合企业自身的数字化转型战略的框架和实施方式。考虑到专精特新企业的特点，可以选择以提升生产效率、优化供应链管理、改善客户体验或开拓新的数字化业务模式等方面为重点。

（3）寻找合适的数字化解决方案。根据企业的需求，寻找合适的数字化解决方案。可以考虑采用企业资源规划（ERP）系统、物联网、人工智能、云计算、大数据分析等工具和技术来支持企业的数字化转型，从而大大提高企业的业务流程效率。

（4）优化业务流程和管理模式。数字化转型是一个优化企业业务流程和管理模式的机会。数字化转型需要构建与转型适配的组织框架和管理模式，提升企业管理的精细化水平，优化企业的经营管理决策。通过数字化技术的应用，可以提高业务流程的效率和透明度，开展研发设计、生产制造、仓储物流等业务环节的转型，实现产品全生命周期管理，发展基于数字化产品的增值服务，实现更高的运营效益。

（5）持续改进和创新。数字化转型是一个持续的过程，需要企业不断改进和创新。要定期评估数字化转型的效果，根据现阶段资源和转型现状以及市场和技术的变化进行调整和优化，提升转型战略的适配性。

总之，专精特新企业应该根据企业的具体情况和需求来确定数字化转型升级的路径，并结合适合的数字化解决方案，持续改进和创新，以实现企业的数字化转型目标。

随着我国数字基础设施的不断完善，数字经济不断发展，为企业的数字化转型提供了良好的机遇。数字化转型是专精特新企业发展的重要内容，结合专精特新企业培育的相关政策，选择合适的数字化转型路径对专精特新企业的发展和社会的高质量发展都尤为重要。

7.5 数字化转型赋能专精特新企业绿色创新发展与高质量发展

我国目前处于中国式现代化的新阶段。通过数字化转型，企业可以使用数字技术高效分析处理海量数据并整合成企业所需的信息数据库，促进商业模式转型升级。绿色创新作为衔接"创新驱动"和"绿色发展"的枢纽，是实现环境与经济可持续发展的重要手段。企业绿色创新既包括节能环保等产品设计和流程创新，也包括绿色创新战略实施。数字化转型是促进经济发展的新型引擎，实施绿色创新战略是实现绿色发展的关键举措，所以数字化转型需要带动绿色创新战略，从而实现经济、社会和生态环境的协调统一。数字化转型带来的创新思维或许能够成为企业开展绿色创新、保持竞争优势的战略手段。数字化转型不仅能够加快企业开展绿色创新的步伐，还能降低绿色创新的信息搜寻成本，有效消除信息鸿沟，从而增强企业实施绿色创新战略的意愿。通过数字化转型，可以借助先进的数字技术合理监测和反馈企业的研发投入和创新产出,实时反馈生产工艺流程的问题,揭露生产与资金的不足,有利于增加研发投入与创新产出,改善企业的现金流状况,提升其风险应对能力,从而大幅提升企业投资风险相对较高、研发周期相对较长的项目的可能性,进而保障企业绿色创新资源的可持续性。数字化转型通过利用金融科技加速了专精特新企业绿色创新战略的实施。通过数字化转型,为绿色创新战略的实施提供了更加清晰准确的决策信息和经验认知,这将大大提高企业绿色创新战略的实施效率。

专精特新企业数字化转型是数字经济的重要组成部分和微观体现,在推动专精特新企业绿色技术创新发展方面发挥着重要作用。当前中国的经济正在经历由高速增长向高质量发展的绿色转型,专精特新企业迫切需要提升自身的创造力来完成发展模式的转变,以获得可持续竞争的优势。在目前全球信息化进入全面渗透、加速创新、引领发展的新阶段的大背景下,数字化不再只是经济社会发展的工具性支撑,而是成为一种引领性力量,为创新经济的增长提供了强大动力。数字化转型逐步成为引领企业绿色价值创造的新兴红利。

数字化转型赋能专精特新企业绿色创造力发展。

首先,数字化转型降低企业绿色创新风险,帮助企业识别绿色发展机遇。在传统经济环境下,由于时间和地理位置等因素,企业与利益相关者沟通不足,彼此处于相对分散和割裂的状态,因此企业所能获取的有关绿色创新的信息和知识十分有限。而随着企业开展数字化转型,数字化信息技术得到应用,使得原有的时间和空间限制不复存在,企业与消费者、供应商、竞争者等利益相关者被联结在同一个信息网络之中,彼此之间可进行实时交流互动,这无疑使企业能够更加全面且及时地掌握消费者的绿色偏好、绿色环保政策以及行业绿色清洁技术的变革趋势等一手信息。企业准确掌握这些信息将会极大地降低绿色创新风险,同时通过对这些关键信息的判断和考量,企业可以在动态变化的市场和技术环境中识别出绿色发展的新机遇,为绿色创造力的应用和发挥寻找新的切入点。

其次,数字化转型使专精特新企业整合绿色资源,提升绿色创造价值。绿色创新的发展不仅基于企业已有的资源基础,还需要企业突破组织边界,从企业外部环境中吸收差异化的优质资源,创造绿色价值。而通过数字化转型所建立的数字信息网络,能为企业与消费者、供应商、竞争者、政府部门等利益相关者之间进行资源互换提供渠道支持,使得企业从利益相关者处获得有利于绿色创新的优质资源。同时,在数字经济背景下,企业所处的环境更加开放,企业不仅可以借助信息网络平台实现绿色知识的高效传播,而且在网络环境中,企业与利益相关者的高关联度也加速了绿色生产要素的流动、绿色知识的转移和信息共享,从而使绿色资源的整合与应用效率得到大幅提升,推动企业提升绿色创造价值。

再次,数字化转型使专精特新企业重构组织资源,减少内部交易成本。一个企业如果对其原有的管理方式、资产和策略产生依赖,将会限制其进一步探索创新的可能性。因此,为了满足企业的绿色创新需求,企业必须重新部署组织资源,调整组织管理结构、企业运营模式,完善企业内部的协调与合作,确保组织资源在绿色创新过程中得到有效分配和充分利用,然而这些内部调整必将产生交易成本。在数字化企业的内部,各部门都处于数字信息网络系统中,所有的决策和信息都转化为透明的、可视化的数据信息,以绿色创新为核心的组织资源重构可以基于此信息网络系统在企业内部各部门间高效开展,从而降低组织内部的交易成本。

最后,数字化转型使专精特新企业创新绿色知识,重塑知识体系。企业的绿色创造是相关知识经过解构、过渡、重构和耦合,最终形成新的知识体系的动态过程。

因此,绿色创造力的发挥需要企业突破原有知识元素的技术属性并更新原有的知识体系。在传统经济环境下,企业若想在新旧知识之间不断进行突破和重塑,会在很大程度上增加组织内部知识管理和知识共享的难度,进而阻碍企业绿色创造力的有效发挥。而在数字经济情境下，5G网络、大数据、云计算等技术与知识创新高度融合，绿色知识可轻松实现跨领域、跨层次的突破以及重组与交融，从而为企业创造绿色价值提供更多的创新空间和可能。

2021年10月18日，习近平总书记在十九届中共中央政治局第三十四次集体学习时指出："要把握数字化、网络化、智能化方向，推动制造业、服务业、农业等产业数字化""发挥数字技术对经济发展的放大、叠加、倍增作用"。企业数字化建设的本质是以数字化手段助力商业要素的有效结合、商业资源的有效配置、商业风险的有效管控。专精特新企业可以通过数字技术制定更加精准的营销策略和产品开发计划，建立更加精细高效的管理制度和流程，提供更具有特色的产品和服务，实现技术创新、管理创新和商业模式创新，在细分市场上形成差异化优势。数字化转型成为专精特新企业高质量发展的新赛道，应推动企业数字化转型，以数字化赋能企业高质量发展。

在生产方面，数字化变革专精特新企业的生产方式。伴随着数字化的发展，企业可以利用数字技术获取消费者信息，打造按需生产、产品定制的柔性工厂。一方面，企业可以依托数字技术获取大量消费者的需求信息，进而按需生产，提供差异化产品或定制产品，满足消费者的差异化需求。企业完成数字化转型后，既可以生产标准产品，也可以生产定制产品。由于企业定制产品更加符合消费者需求，企业可以对定制产品制定较高的价格，以获取更高的利润。另一方面，借助数字技术，企业和消费者能实现有效联结，企业可以和消费者进行低成本的沟通，消费者可以向企业精准表达个性化需求，据此企业为消费者定制个性化产品。数字化转型使用户可以深度参与企业生产过程，在保留企业原有客户群体的基础上，争取到更多小众客户群体，拓宽市场，提高销售收入。数字技术的发展能有效整合消费者端的需求信息，有效调度企业生产线中的各个环节，提高供应链的反应能力，打造柔性生产线，这样企业才可以进行小规模、多样化产品的生产，提高生产适应外部环境变化的能力，增强企业竞争力。数字化转型可以帮助企业降低生产成本，促进企业提高质量、增长效率、降低损耗、绿色生产。数字技术方便企业快捷、准确地获取信息，降低沟通协调成本和内部管理成本，提高组织运行效率，并且数字化中的信息技术可以提高企业的生产要素利用率和能源利用率。信息的准确获取可以帮助企业对能源的投入进行精细化管理，对每个生产环节进行精确把控和实时监管，有效降低能源使用中的资源浪费。数字技术的使用也可以帮助企业优化生产结构和生产模式，降低能源损耗。因此，数字化转型可以帮助企业节能减排，实现绿色生产。

在营销方面，数字化转型便于专精特新企业的营销活动。在数字技术发展的背景下，企业可以线上线下融合销售，形成全渠道销售模式，促进数字经济和实体经济的深度融合。全渠道销售模式有利于消费者灵活地获取产品信息和选择购买渠道，提升企业竞争力。对于某些产品，例如衣服，需要通过触摸观察才能获得准确的信息，消费者可以先去线下实体店感受产品是否符合自身需求，再决定购买方式。反之，对于某些产品，例如电子产品，消费者可以在网上获取更加详尽的产品信息，然后再选择购买方式。同时，企业可以在线上和线下不同的渠道布局不同的产品和服务，也可以对线上线下的产品差别定价。因此，全渠道销售模式可以丰富企业的经营策略和定价策略，提高企业的收益。并且，全渠道销售模式还有利于扩大企业的消费群体，既可以保留原本线下的客户，又可以获得线上的客户。同时，线上的客户购物不受时间和空间的限制，可以做到随时随处想购物就购物，激发更多的购物热情，提高企业的销售收入。企业可以入驻平台，融入数字化生态，进行精准营销，实现供需对接。与平台的深度链接可以使企业获得消费者的更多数据，进而对消费者的个性喜好、消费偏好、收入等进行大数据分析，了解消费者的习惯和消费方式，精准地预估消费者的消费潜力和购物倾向，以便于企业进行精准营销，提高消费者的购物热情，增加企业的销售利润。企业可以与平台合作，平台作为信息中介向相关消费者推荐企业产品，这有利于提高供需匹配效率。平台为消费者提供售前售后服务，也可以帮助企业提高销售收入。平台也可以成为企业和消费者沟通的桥梁，解决客户纷争，为客户提供更便捷的退换货服务。

在创新方面，数字化转型可以提升专精特新企业的创新效率。数字技术使企业和消费者紧密地联结起来，企业可以获得大量消费者信息，进而根据消费者偏好对产品功能进行创新改进，实现精准式创新。随着社会的发展，消费者的需求越来越多样化和个性化。同时，市场的供应越来越丰富，企业间的竞争愈发激烈，因此根据消费者的需求和偏好推出新产品，是企业高质量发展的关键。在数字经济时代，数字技术帮助企业获取消费者信息，企业可以利用数字技术追踪消费者在线上购物的点击、浏览、购买等行为，获得消费者的购物轨迹。通过分析这些数据和信息，企业可以精准地估计消费者的真实偏好，预测消费者的行为，更精确地定位用户群体，满足不同用户的需求，从而提高研发精度。数字技术降低了企业的创新试错成本，企业可以快速低成本地将新产品投入市场，进行"迭代式"更新。数字技术提高了企业的生产和销售效率，企业可以快速生产和销售，及时获取消费者的反馈信息。所以，数字技术加快了企业的生产和销售节奏，缩短了企业和消费者之间的距离，促进双方之间的信息流通。数字技术可以使企业在推出满足消费者基本需求的产品的基础上，及时获取消费者的反馈信息，对产品进行更新完善，在市场竞争中获取优势。可见，数字技术降低了企业新产品在市场上的试验成本，使得企业和消费者可以直接对接，企业可以在产品上线后及时、直接地获取用户反馈。数字平台进一步降低了企业创新成本。企业通过数字技术调动多方资源共同研发，进行开放式创新。数字技术降低了信息传输和储存成本，让沟通变得更为便利，各主体间更容易沟通互动，整体环境变得更为开放。借助于数字技术，企业在研发过程中不断打破边界，通过与客户、供应商、竞争者等多方主体进行双向的实时互动，广泛利用外部环境的数据和资源，持续获取各种创新信息和知识，进行开放式创新。企业通过数字技术构建创新生态系统，通过开放式资源整合获取丰富的互补资源，最终实现价值共创。

总之，数字化转型深刻影响了专精特新企业生产、营销、创新等方面的活动，显著提高了企业效率和全要素生产率，推动了企业高质量发展。当前，数字化浪潮方兴未艾，市场竞争日益激烈，全社会都必须认识到数字化的必要性和重要性，以数字化转型赋能专精特新企业绿色创新发展和高质量发展，从而促进经济社会高质量发展。

7.6 本章小结

本章聚焦于专精特新企业的高质量发展，主要从以下几个方面分析如何实现专精特新企业高质量发展。

（1）提出政府联合多元主体构建专精特新企业服务生态，重点关注资金、人才、创新协同、品牌市场、企业转型、精准对接服务几个方面，完善服务体系和政策支持。

（2）根据新发展格局，分析如何充分发挥专精特新企业的强链补链作用，加快解决产业链中的"卡脖子"这一具体现实问题。

（3）提出培育和发展专精特新企业，推动经济结构转型升级，实现培育新动能和提升新势能，推动专精特新企业高质量发展，并提出培育新动能和提升新势能的关键措施。

（4）分析专精特新企业数字化转型升级的路径，主要包括：评估现状和需求，制定数字化转型战略，寻找合适的数字化解决方案，优化业务流程和管理模式，持续改进和创新；等等。

（5）从企业绿色创造力、生产、营销、创新等方面分析数字化转型为专精特新企业带来的优势，从而推动专精特新企业数字化转型，以数字化赋能专精特新企业高质量发展。

第 8 章

研究结论与展望

2022年年初,国务院印发的《"十四五"数字经济发展规划》中明确指出加快企业数字化转型升级,全面深化重点行业、产业园区和集群的数字化转型,培育转型支撑服务生态;加快推动数字产业化,增强关键技术创新能力,加快培育新业态新模式,营造繁荣有序的创新生态。2022年3月,《政府工作报告》中也明确提出:"促进数字经济发展。加强数字中国建设整体布局。建设数字信息基础设施,逐步构建全国一体化大数据中心体系,推进5G规模化应用,促进产业数字化转型,发展智慧城市、数字乡村。加快发展工业互联网,培育壮大集成电路、人工智能等数字产业,提升关键软硬件技术创新和供给能力。完善数字经济治理,培育数据要素市场,释放数据要素潜力,提高应用能力,更好赋能经济发展、丰富人民生活。"2023年7月,全国专精特新中小企业发展大会中提出:"要支持中小企业强化科技创新,坚持需求导向、供需结对,加快拉长长板、锻造新板、补齐短板,促进提升产业链供应链韧性和安全水平。要引导中小企业坚守主业实业精耕细作,积极开展技术改造、设备更新、系统升级,加快数字化智能化绿色化转型,加速迈向产业链价值链中高端。要鼓励中小企业勇于开拓国际市场,积极走出去融入全球产业链供应链。要打造市场化、法治化、国际化营商环境,营造良好稳定预期,及时帮助中小企业解决实际困难,充分激发中小企业生机活力。"

数字经济的蓬勃发展赋予了生产要素、生产力和生产关系新的内涵和活力。当今世界正经历百年未有之大变局,而在当前的大背景下,加快推动数字产业化、推进产业数字化转型也就成为数字化时代推动高质量发展、打造数字经济新优势的主动选择。中小企业是实体经济的重要组成部分，也是产业数字化转型的重点和难点。通过转型升级提升企业综合实力和核心竞争力，是中小企业提质增效、提升抗风险能力的必然选择。目前专精特新企业已经成为现阶段我国经济发展的"排头兵"，而数字化技术的应用也为专精特新企业提供了新的发展方向和新的源动力。

本章对全书的研究内容进行了概括，将前面章节的深度研究内容汇聚为一体。在本书中，我们以大数据等新技术为基础，综合微笑曲线理论和动态能力理论等多种理论分析模型，深入探讨了专精特新企业数字化转型与优势重塑的多个方面，涵盖了理论、实践、战略和方法等多个层次，并且从技术赋能、平台赋能和生态赋能三个维度分析中小企业的数字化转型。在本章中，我们将会总结对专精特新企业高质量发展以及专精特新企业数字化转型与优势重塑的研究结论，并由此进一步提出未来研究展望，以期助力社会主义市场经济体制不断完善和中国经济高质量发展。

8.1 研究结论

优质中小企业是指在产品、技术、管理、模式等方面创新能力强、专注细分市场、成长性好的中小企业，由创新型中小企业、专精特新中小企业和专精特新"小巨人"企业三个层次组成。创新型中小企业具有较高的专业化水平、较强的创新能力和发展潜力，是优质中小企业的基础力量；专精特新中小企业实现专业化、精细化、特色化发展，创新能力强、质量效益好，是优质中小企业的中坚力量；专精特新"小巨人"企业位于产业基础核心领域、产业链关键环节，创新能力突出、掌握核心技术、细分市场占有率高、质量效益好，是优质中小企业的核心力量（张海峰，2022）。数据显示，截至

2023年，我国已累计培育创新型中小企业21.5万家，专精特新中小企业超9.8万家，专精特新"小巨人"企业1.2万家。目前，专精特新企业在我国经济社会发展中扮演着日益重要的角色，我们越来越能够感受到专精特新企业发展的韧性和活力。专精特新企业以其独特的专业性、创新性和灵活性，逐渐成为我国经济发展的重要动力，大力发展专精特新企业成为贯彻新发展理念和推动经济高质量发展的重要内容。

本书以专精特新企业为研究对象，在前面的章节中，深入探讨了专精特新企业数字化转型与优势重塑的多个层次，从理论基础到实际应用，从战略意义到具体方法，从趋势背景到重塑发展，都进行了一定的研究探讨。通过这些研究，有助于更好地理解专精特新企业在数字化转型和优势重塑方面面临的挑战和机遇，期望能为政府制定政策和企业制定发展战略提供有力的依据，推动我国专精特新企业的持续高质量发展，推动经济社会的进步。在这一小节中，我们将对前面章节的研究进行总结概括，回顾研究目标、方法以及主要发现等。

工业和信息化部通过开展梯度培育，引导中小微企业以专注铸专长、以配套强产业、以创新赢市场，实现专精特新发展。各地多措并举支持中小企业发展，涌现出众多专精特新中小企业，为高质量发展注入强劲动能。目前，随着数字技术的不断突破和应用，数字经济在全球范围内蓬勃发展，数字技术为中小企业提供了新的机遇和发展空间。工业和信息化部出台的《关于开展财政支持中小企业数字化转型试点工作的通知》旨在为中小企业提升效率、降低成本、拓展市场，并在竞争中取得优势，从而逐步发展成为专精特新中小企业提供政策性支持。数字化转型对于专精特新企业来说是迫切而必要的。在当今全球化和技术飞速发展的环境中，企业必须积极采用数字技术来提高效率，创新产品和服务，并扩大市场份额。而通过优势重塑，企业可以更好地利用数字化转型的机会，确保其核心竞争力在竞争日益激烈的市场中保持不变甚至提升。因此，专精特新企业应该将数字化转型视为一项战略性的举措，并为其提供足够的资源和支持。

专精特新企业在数字化转型升级与优势重塑的道路上面临着巨大的机遇和挑战。通过分析市场趋势、借鉴成功案例以及灵活适应变化等举措，专精特新企业可以不断提高竞争力，实现高质量发展。由此希望企业领导者、政策制定者和研究者继续关注这一领域，共同努力推动专精特新企业在数字化时代的繁荣和可持续发展。只有通过积极的创新和适应，专精特新企业才能在数字化时代蓬勃发展，迎接未来的挑战，为国家经济高质量、可持续发展做出更大的贡献。

8.2 专精特新企业发展研究展望

专精特新企业作为中国经济中的重要组成部分，一直在不断演进和发展。在这个快速变化的时代，了解未来的发展方向和趋势对于中小企业而言至关重要。本节将在前文研究的基础上，展望专精特新企业未来的发展方向和转型升级的发展趋势。通过对这些方面的研究，以期进一步深化对专精特新企业数字化转型与优势重塑的理解，为中小企业的发展提供更加科学和有效的指导。

8.2.1 专精特新企业未来发展方向概览

党的二十大报告中提出，要"支持中小微企业发展""支持专精特新企业发展""加快发展数字经济""促进数字经济和实体经济深度融合"。同时，2023年《政府工作报告》中也明确提出，要加快传统产业和中小企业数字化转型，着力提升高端化、智能化、绿色化水平。未来，专精特新企业将面临新的挑战和机遇。随着技术的不断进步和市场需求的迅速变化，为了保持企业竞争力和实现可持续发展，中小企业仍然需要不断探索新的发展方向和战略。

1. 智能时代下的数字化转型

2023年2月，中共中央、国务院印发《数字中国建设整体布局规划》，指出建设数字中国是数字时代推进中国式现代化的重要引擎，是构筑国家竞争新优势的有力支撑。加快数字中国建设，对全面建设社会主义现代化国家、全面推进中华民族伟大复兴具有重要意义和深远影响。随着人工智能、物联网和大数据等新兴技术的不断发展，专精特新企业将更加关注数字化、智能化制造和工业互联网的应用。这将有助于提高生产效率、降低成本，并实现更高质量的产品和服务。数字化转型与智能化发展不仅仅是技术层面的转型升级，还涉及商业模式和运营方式的创新性发展。在未来，专精特新企业需要持续探索数字化创新，开发新的商业模式，以满足不断变化的市场需求并实现可持续发展。

2. 绿色创新下的可持续发展

绿色环保和可持续发展已经成为全球的重要议题。构建市场导向的绿色技术创新体系，是国家创新体系建设的重要内容，是推进我国生态文明建设的重要着力点。国家发展改革委、科技部联合印发的《关于进一步完善市场导向的绿色技术创新体系实施方案（2023—2025年）》对2023—2025年我国绿色技术创新体系建设提出了详细的工作要求，是完善市场导向的绿色技术创新体系建设的最新部署，其突出了绿色低碳发展的时代特色，强化了绿色技术创新的协同推进，丰富了绿色技术的内涵和重点发展领域，明晰了各创新主体的定位。专精特新企业需要研究和开发绿色技术和可持续的生产方式，以减少环境影响，并满足消费者对可持续产品的需求。绿色创新是可持续发展的创新，是专精特新企业实现可持续发展的关键因素。通过研发和应用环保技术、产品和服务，中小企业不仅可以减少对环境的不利影响，还可以满足市场需求，提高竞争优势，吸引客户和投资。然而，专精特新企业要在不断变化的市场中脱颖而出，实现长期的可持续成功和真正的可持续发展，需要将绿色创新融入其整体战略，建立和发展其绿色产业体系和绿色生产机制。

3. 产业协同创新与国际化发展

十一部门共同印发的《关于开展"携手行动"促进大中小企业融通创新（2022—2025年）的通知》中指出："到2025年，引导大企业通过生态构建、基地培育、内部孵化、赋能带动、数据联通等方式打造一批大中小企业融通典型模式；激发涌现一批协同配套能力突出的专精特新中小企业；通过政策引领、机制建设、平台打造，推动形成协同、高效、融合、顺畅的大中小企业融通创新生态，有力支撑产业链供应链补链固链强链。"产业协同创新和国际化发展是专精特新企业转型升级与优势重塑的关键因素。通过与其他企业合作，共享资源和知识，企业可以加速创新过程，保持技术领先地位。与此同时，通过国际化发展，企业可以扩大市场，降低风险，实现多元化发展。科学合理地实施产业协同与国际化拓展策略将有助于企业在竞争激烈的市场中脱颖而出，取得长期稳定的成功。因此，企业应积极探索这些机会，不断优化和调整战略，以适应不断变化的市场环境。国际市场提供了巨大的机遇，但也伴随着挑战。专精特新企业需要研究国际化战略，了解不同市场的文化和法规，以有效拓展全球市场份额。

8.2.2 数字化转型的新趋势和影响

随着云计算、大数据、人工智能等技术的不断发展，专精特新企业正在加速数字化转型，实现生产过程数字化、产品数字化、管理数字化等。一些新兴技术如人工智能、大数据分析和物联网等也将会塑造和优化未来商业模式。通过数字化转型，中小企业可以提高效率，降低成本，提升产品和服务质量。专精特新企业可以通过引入人工智能、物联网等技术，实现生产过程自动化、智能化，提高生产效率和产品质量，同时也可以实现能源管理、供应链优化等目标。但是由于专精特新企业行业垂直度高、专业性强，泛化的数字化解决方案往往不能满足其转型升级需求，所以需要了解细分领域的数字化厂商，获得更加符合垂直行业特征的定制化解决方案。

人工智能（AI）和机器学习（ML）技术不断发展，正在逐渐成为数字化转型的重要驱动力。专精特新企业将越来越多地采用 AI 和 ML 来改进业务流程、优化生产和提高客户体验。例如，AI 可以用于预测市场趋势，优化库存管理，自动化客户服务，以及改进产品设计。这些应用不仅提高了企业的效率，还可以帮助企业更好地理解客户需求，做出更明智的战略决策。

数字化转型的另一个新趋势是大数据分析和决策支持系统的广泛应用。专精特新企业通过收集和分析海量数据，可以更好地了解市场和客户行为，发现潜在的机会和挑战。这些数据分析工具可以帮助企业制定更精确的市场营销策略，优化供应链管理，并预测市场波动。此外，决策支持系统可以为企业领导层提供实时的数据和洞察，帮助他们做出更明智的战略决策。

与此同时，云计算和边缘计算技术的崛起也对数字化转型产生了深远的影响。云计算提供了可扩展的计算和存储资源，使企业能够更灵活地部署和管理应用程序。边缘计算则将计算资源推向网络边缘，降低了数据传输延迟，适用于需要实时数据处理的应用。这两者的结合使企业能够更好地支持物联网（IoT）设备、实时监控和自动化生产线等应用。对于专精特新企业来说，云计算和边缘计算为提高生产效率和实现创新提供了重要的技术支持。

增强现实和虚拟现实技术正在数字化转型中发挥越来越重要的作用。这些技术可以用于培训、产品设计、虚拟展示和客户交互等多个领域。专精特新企业可以利用 AR 和 VR 来改进产品的设计和测试过程，以及提供沉浸式的客户体验。这不仅可以加速创新，还可以降低开发成本，并提高客户满意度。

总而言之，新一轮数字化转型正在塑造专精特新企业的未来。AI、IoT、云计算等新技术趋势将为企业带来更多的机会，提高效率，降低成本，并提供更好的客户体验。然而，企业也需要关注数据隐私和安全，并适应新的人力资源管理模式。只有科学合理地应对这些新趋势和影响，企业才能在数字化时代蓬勃发展，保持竞争力。

8.2.3 绿色创新与可持续发展前景

我国不断加快构建绿色低碳循环发展的经济体系，大力推行绿色生产方式，推动能源革命和资源节约集约利用，系统推进清洁生产，统筹减污降碳协同增效，实现经济社会发展和生态环境保护的协调统一。与此同时，我国坚持将绿色发展理念融入工业、农业、服务业全链条各环节，积极构建绿色低碳循环发展的生产体系，以节能、减排、增效为目标，大力推进技术创新、模式创新、标准创新，全面提升传统产业的绿色化水平（王建，2023）。由此可见，绿色创新和可持续发展已经成为企业不可忽视的重要议题。在全球范围内，人们对环境保护和资源可持续利用的关注日益增加，这使得绿色创新成为企业取得竞争优势和实现长期可持续发展的关键因素之一。显而易见的是，专精特新企业在这一领域有着巨大的发展潜力，应全面促进专精特新企业转型升级，通过绿色技术和可持续生产方式实现长期可持续发展。

绿色创新是专精特新企业实现可持续发展的重要引擎之一。绿色创新涉及开发和应用环保技术、产品和服务，以减少对环境的负面影响。这种创新可以通过改进生产过程、减少资源消耗、降低废弃物产生以及采用可再生能源等方式来实现。通过绿色创新，企业可以减少碳排放、降低能源成本，同时满足消费者和政府对环保的需求。在绿色创新中，专精特新企业可以采取多种策略。首先，企业可以投资研发环保技术和产品，以满足市场对环保产品的需求。例如，开发高效节能的生产工艺、推出绿色能源产品或推动可再生能源技术的应用等。其次，企业可以优化供应链管理，降低资源浪费，提高生产效率，减少环境负担。最后，企业可以与环保组织、政府部门和研究机构合作，共同研究解决环境问题的创新方案。绿色创新不仅有助于企业减少对环境的不利影响，还可以为企业创造商机和竞争优势。越来越多的消费者和投资者关注可持续性，他们更愿意支持那些采取环保措施的企业。因此，专精特新企业可以通过绿色创新来满足市场需求，提高品牌价值，吸引更多的客户和投资。此外，一些国家和地区还提供了激励措施，鼓励企业采取环保措施，例如税收优惠、补贴和减少监管障碍，这为企业提供了更多的发展机会。然而，要实现可持续发展，绿色创新不仅仅是技术创新，还需要整体的战略转变。企业需要将可持续发展融入其核心业务战略中，确保在经济、环境和社会方面取得平衡。这可能包括重新审视供应链、产品设计、市场定位以及员工培训等方面。企业还需要建立监测和报告机制，以跟踪其环境绩效，并向利益相关者透明地展示其可持续发展进展。

8.2.4 产业协同创新与国际化拓展前景

随着全球产业竞争格局发生重大调整，供应链体系被重构，各国产业链、供应链、创新链风险逐渐显现。我国自实施制造强国战略以来，制造业生产水平和影响力均大幅提升，但在医疗器械、电子通信、集成电路、核心工业软件、高端材料、精密设备等重点领域仍需依赖进口，关键核心技术"卡脖子"问题普遍存在，且呈现产业链上下游共生发展生态不完善、专业技术和高端人才储备不足、区域产业链同质竞争严重等问题，亟待推进基础应用研究，强化科技创新和产业链、供应链韧性，完成制造大国向制造强国的转变。在专业化分工链条上，数字技术能够通过与产业链、供应链的深度融合，整合供应链、产品制造和市场等生产与运营环节，提升企业资源配置效率，为提高专精特新企业专业化生产效率提供技术支持（罗来军，2023）。

在今天的市场中，技术更新速度惊人，单一企业难以独立跟进和应对。因此，企业之间的合作变得尤为重要。通过与其他企业、研究机构和政府部门合作，专精特新企业可以共享资源、知识和技术，加速创新过程。产业协同创新可以通过共同研发项目、技术交流和知识共享来实现（罗来军，2023）。这种合作可以降低创新成本，提高创新效率，使企业更容易适应市场的变化。产业协同创新的一个重要方面是建立创新生态系统。这意味着企业需要与其他企业建立长期的合作关系，共同追求技术突破和市场机会。这种合作关系可以通过建立联合研究中心、参与行业协会和参与政府支持的创新项目来实现。通过这些合作，企业可以汇集各方的力量，共同推动产业的创新和发展。

另外，国际化发展是专精特新企业实现市场多元化和风险分散的关键途径。在全球化的时代，企业不应将市场局限在国内，而应积极寻求国际机会。国际化发展可以通过多种方式实现，包括出口、直接投资和建立合资企业等。这些方法可以帮助企业进入新市场，扩大市场份额，并减轻对特定市场的依赖。在国际化发展过程中，企业需要考虑到不同国家和地区的文化、法律、市场和竞争环境的差异。因此，企业需要制定全球化战略，并进行充分的市场研究和风险评估。同时，企业还需要建立国际化团队，具备跨文化管理和国际市场开拓的能力。国际化发展不仅可以扩大市场，还可以降低风险。当企业在不同国家和地区分散业务时，可以减轻单一市场波动的影响。此外，国际化发展还可以带来新的市场机会和增长潜力，使企业更具弹性和竞争力。

参考文献

[1] Hanelt A, Bohnsack R, Marz D, et al. A systematic review of the literature on digital transformation: insights and implications for strategy and organizational change[J]Journal of Management Studies, 2021 (5), 59 (2): 583-583.

[2] Ananyin V I, Zimin K V, Lugachev M I, et al. Digital organization: transformation into the new reality[J]. Бизнес-информатика, 2018, 2 (44): 45-54.

[3] Ayyagari M, Demirguc-Kunt A, Maksimovic V. Who creates jobs in developing countries? [J]. Small Business Economics, 2014, 43: 75-99.

[4] Tabrizi B, Lam E, Girard K. Digital transformation is not about technology[J]. Harvard Business Review, 2019, March-April.

[5] Bill Pasmore PhD S V P, CMC T O S. Leadership agility: a business imperative for a VUCA world[J]. People and Strategy, 2010, 33 (4): 32.

[6] Chen C L, Lin Y C, Chen W H, et al. Role of government to enhance digital transformation in small service business[J]. Sustainability, 2021, 13 (3): 1-24.

[7] Eniola A, Entebang H. Government policy and performance of small and medium business management[J]. International Journal of Academic Research in Business and Social Sciences, 2015, 5 (2): 237-248.

[8] Ezeokoli F O, Okolie K C, Okoye P U, et al. Digital transformation in the Nigeria construction industry: the professionals' view[J]. World Journal of Computer Application and Technology, 2016, 4 (3): 23-30.

[9] Ghobakhloo M, Ching N T. Adoption of digital technologies of smart manufacturing in SMEs[J]. Journal of Industrial Information Integration,

2019, 16：100107.

[10] GIRI（Get It Right Initiative）. Barriers to the adoption of future digital engineering technology[M]. London, UK：GIRI, 2019：1-52.

[11] Gomes G, Wojahn R M. Organizational learning capability innovation and performance：study in small and medium-sized enterprises（SMES）[J]. Revista de Administração（São Paulo）, 2017, 52：163-175.

[12] Hausberg J P, Liere-Netheler K, Packmohr S, et al. Research streams on digital transformation from a holistic business perspective：a systematic literature review and citation network analysis[J]. Journal of Business Economics, 2019, 89：931-963.

[13] Hess T, Matt C, Benlian A, et al. Options for formulating a digital transformation strategy[J]. MIS Quarterly Executive, 2016, 15（2）：103–119.

[14] Hossain M, Lassen A H. Q&A.How do digital platforms for ideas, technologies, and knowledge transfer act as enablers for digital transformation?[J].Technology Innovation Management Review,2017,7(9)：50-60.

[15] Moore J F.The death of competition：leadership and strategy in the age of business ecosystems[M]. Newyork：Harper ldlins publishers, 1997.

[16] Moore J F. Predators and prey：a new ecology of competition[J]. Harvard Business Review, 1993, 71（3）：75-86.

[17] Kane G C, Palmer D, Phillips A N, et al. Strategy, not technology, drivers digital transformation [J]. MIT Sloan Management Review and Deloitte University Press, 2015（14）：1-25.

[18] Karadag H. The role of SMEs and entrepreneurship on economic growth in emerging economies within the post-crisis era：an analysis from Turkey[J]. Journal of Small Business and Enterprise Development, 2016, 4：22-31.

[19] Karimi J, Walter Z. The role of dynamic capabilities in responding to digital disruption：a factor-based study of the newspaper industry[J]. Journal of

Management Information Systems, 2015, 32 (1): 39-81.

[20] Kraja Y B, Osmani E, Molla F. The role of the government policy for support the SME-s[J]. Academic Journal of Interdisciplinary Studies, 2014, 3 (2): 391-396.

[21] Kutzner K, Schoormann T, Knackstedt R. Digital transformation in information systems research: a taxonomy-based approach to structure the field[Z]. Research Paper, 2018.

[22] Li L, Ci J, Gao X. The growth evaluation model of manufacturing SMEs and application from system engineering perspective[J]. Systems Engineering Procedia, 2012 (5): 412-419.

[23] Li L, Su F, Zhang W, et al. Digital transformation by SME entrepreneurs: a capability perspective[J]. Information Systems Journal, 2017, 28 (6): 1129-1157.

[24] Lin Y, Chen C, Chao C, et al. The study of evaluation index of growth evaluation of science and technological innovation micro-enterprises[J]. Sustainability, 2020, 12 (15): 6233.

[25] Matt C, Hess T, Benlian A. Digital transformation strategies[J]. Business & Information Systems Engineering, 2015, 57 (5): 339-343.

[26] Morakanyane R, Grace A, O'Reilly P. Conceptualizing digital transformation in business organisations: a systematic review of literature[J]. In Proceedings of the 30th Bled EConference: Digital Transformation—From Connecting Things to Transforming Our Lives BLED 2017, Bled, Slovenia, 18–21 June 2017: 427–444.

[27] Muller P, Gagliardi D, Caliandro C, et al. Annual report on European SMEs 2013/2014—A Partial and Fragile Recovery: Final Report–July 2014[EB]. Etterbeek, Belgium: European Commission Directorate-General for Enterprise and Industry, 2014.

[28] Granstrand O, Holgersson M. Innovation ecosystems: a conceptual review

and a new definition[J]. Technovation, 2020 (90-91): 102098.

[29] OECD/ERIA. SME Policy Index: ASEAN 2018: Boosting Competitiveness and Inclusive Growth[M]. Paris, France: OECD Publishing, Jakarta, Indonesia: Economic Research Institute for ASEAN and East Asia, 2018.

[30] Parida V, Johansson J, Braunerhjelm P. Barriers to information and communcation technology adoption in small firms[Z]. Working Paper, 2010, 3.

[31] Park S, Lee I H, Kim J E. Government support and small-and medium-sized enterprise (SME) performance: the moderating effects of diagnostic and support services[J]. Asian Business & Management, 2020, 19 (2): 213-238.

[32] Ramilo R, Embi M R B. Critical analysis of key determinants and barriers to digital innovation adoption among architectural organisations[J]. Frontiers of Architectural Research, 2014 (3): 431-451.

[33] Reis J, Amorim M, Melão N, et al. Digital transformation: a literature review and guidelines for future research[C] // Rocha Á, Adeli H, Reis L P, Costanzo S. Trends and Advances in Information Systems and Technologies. Cham, Germany: Springer, 2018: 745.

[34] Malodia S, Mishra M, Fait M, et al. To digit or to head ? Designing digital transformation journey of SMEs among digital self-efficacy and professional leadership[J]. Journal of Business Research, 2023, 157: 113547.

[35] Scheers V, Louisa M. SMEs' marketing skills challenges in South Africa[J]. African Journal of Business Management, 2011, 5 (13): 5048-5056.

[36] SMEA MOEA. The white paper of small and medium enterprise 2019[R]. Taipei City Taiwan, 2020.

[37] Teece J D, Pisano G, Shuen A. Dynamic capabilities and strategic management[J]. Strategic Management Journal, 1997, 18 (7): 509-533.

[38] Thomas G A. Typology for the case study in social science following a

review of definition，discourse and structure[J].Qualitative Inquiry，2011，17（6）：511-521.

[39] Urbinati A，Bogers M，Chiesa V，et al. Creating and capturing value from big data：a multiple-case study analysis of provider companies[J]. Technovation，2019（84/85）：21-36.

[40] Vial G. Understanding digital transformation：a review and a research agenda[J]. Journal of Strategic Information Systems，2019，28（2）：118-144.

[41] Gurbaxani V，Dunkle D. Gearing up for successful digital transformation[J]. MIS Quarterly Executive，2019，18（3）：209-220.

[42] Zhan Y，Tan H K，Ji G，et al. A big data framework for facilitating product innovation processes[J]. Business Process Management Journal，2017，23（3）：518-536.

[43] 安存红，王艳芳，郭鑫颖，等.加快培育中小企业"专精特新"政策体系研究 [J]. 中国集体经济，2023（27）：36-39.

[44] 陈春花.传统企业数字化转型能力体系构建研究 [J]. 人民论坛·学术前沿，2019（18）：4-12.

[45] 陈武元，蔡庆丰，程章继.高等学校集聚、知识溢出与专精特新"小巨人"企业培育 [J]. 教育研究，2022，43（9）：47-65.

[46] 陈小平，陈萍，徐辉.人才政策与科创企业创新绩效：人才创新行为及工作敬业度的双中介作用 [J]. 科技进步与对策，2023，40（20）：131-140.

[47] 陈衍泰，夏敏，李欠强，等.创新生态系统研究：定性评价、中国情境与理论方向 [J]. 研究与发展管理，2018（4）：37-53.

[48] 陈游.提升专精特新"小巨人"企业创新能力的路径研究——基于与德国隐形冠军企业的比较分析 [J]. 西南金融，2023（8）：73-84.

[49] 陈再齐，李德情.数字化转型对中国企业国际化发展的影响 [J]. 华南师范大学学报（社会科学版），2023（4）：81-95，206.

[50] 邓聪.以人才驱动专精特新中小企业健康发展 [N]. 人民邮电，2023-10-

12（006）.

[51] 邓晰隆,易加斌.中小企业应用云计算技术推动数字化转型发展研究[J]. 财经问题研究,2020（8）：101-110.

[52] 丁建军,刘贤,王淀坤,等.国家级专精特新"小巨人"企业空间分布及其影响因素[J].经济地理,2022,42（10）：109-118.

[53] 丁永健,吴小萌."小巨人"企业培育有助于提升制造业中小企业创新活力吗——来自"专精特新"政策的证据[J].科技进步与对策,2023,40（12）：108-116.

[54] 董志勇,李成明."专精特新"中小企业高质量发展态势与路径选择[J].改革,2021（10）：1-11.

[55] 董志勇,李成明.国内国际双循环新发展格局：历史溯源、逻辑阐释与政策导向[J].中共中央党校（国家行政学院）学报,2020,24（5）：47-55.

[56] 董志勇.大力发展"专精特新"中小企业[N].光明日报,2021-09-08.

[57] 杜爽,曹效喜.企业数字化转型能否促进绿色创新——来自中国上市公司的证据[J].中国地质大学学报（社会科学版）,2023,23（4）：56-71.

[58] 杜勇,娄靖.数字化转型对企业升级的影响及溢出效应[J].中南财经政法大学学报,2022（5）：119-133.

[59] 段海艳,李一凡,康淑娟."紧缩"还是"复苏"？衰退企业业绩逆转的战略选择？[J].科学学与科学技术管理,2020,41（9）：84-104.

[60] 非凡.自洽性——可持续发展理念的哲学思考[J].湖北社会科学,2020（12）：106-113.

[61] 高翔,黄建忠,袁凯华.中国制造业存在产业"微笑曲线"吗？[J].统计研究,2020,37（7）：15-29.

[62] 葛和平,陆岷峰.高等院校构建以金融科技为核心的金融学科建设路径研究[J].金融理论与实践,2021（6）：46-54.

[63] 郭彤梅,李倩云,张玥,等.专精特新企业数字化转型与创新绩效的关系研究[J].技术经济,2023,42（5）：68-78.

[64] 韩超,李鑫平.在自动化中推动企业绿色转型：技术进步与产品重构效

应[J].数量经济技术经济研究,2023,40(4):72-93.

[65] 何帆,刘红霞.数字经济视角下实体企业数字化变革的业绩提升效应评估[J].改革,2019(4):137-148.

[66] 胡海峰,窦斌.产业链安全视角下专精特新企业培育的现状、挑战与对策[J].中州学刊,2023(2):31-36.

[67] 黄大禹,谢获宝,孟祥瑜,等.数字化转型与企业价值——基于文本分析方法的经验证据[J].经济学家,2021(12):41-51.

[68] 蒋殿春,潘晓旺.数字经济发展对企业创新绩效的影响——基于我国上市公司的经验证据[J].山西大学学报(哲学社会科学版),2022,45(1):149-160.

[69] 焦豪,杨季枫,应瑛.动态能力研究述评及开展中国情境化研究的建议[J].管理世界,2021,37(5):191-210,14,22-24.

[70] 缴翼飞,黄婷婷.刘世锦谈"专精特新"——数字化绿色化是实体经济未来创新发展方向[J].中国中小企业,2023(8):11-13.

[71] 孔繁祺.解决专精特新中小企业融资难题探究[J].中国中小企业,2021(10):182-183.

[72] 寇宗来,刘学悦.中国企业的专利行为:特征事实以及来自创新政策的影响[J].经济研究,2020,55(3):83-99.

[73] 李云.厘清就业形势 提供对策建议(下)[J].中国就业,2023(9):4-7.

[74] 李海艳.数字农业创新生态系统的形成机理与实施路径[J].农业经济问题,2022(5):49-59.

[75] 李红莲.培育安防"专精特新"企业 助力行业高质量发展[J].中国安防,2022(5):1-8.

[76] 李坤望,邵文波,王永进.信息化密度、信息基础设施与企业出口绩效——基于企业异质性的理论与实证分析[J].管理世界,2015(4):52-65.

[77] 李庆华,李春生."隐形冠军企业"研究:战略逻辑、经营模式与关键成功要素[J].东南大学学报(哲学社会科学版),2008(6):40-45,134.

[78] 李树文，罗瑾琏，胡文安．从价值交易走向价值共创：创新型企业的价值转型过程研究 [J]．管理世界，2022，38（3）：125-145．

[79] 李雯轩，李晓华．全球数字化转型的历程、趋势及中国的推进路径 [J]．经济学家，2022（5）：36-47．

[80] 林江．培育和扶持更多专精特新"小巨人"企业 [J]．人民论坛，2021（31）：58-63．

[81] 林昕，王若其．促进专精特新中小企业高质量发展的思路和策略研究 [J]．商场现代化，2023（4）：77-80．

[82] 林毅夫，李永军．中小金融机构发展与中小企业融资 [J]．经济研究，2001（1）：10-18，53-93．

[83] 刘宝．"专精特新"企业驱动制造强国建设：何以可能与何以可为 [J]．当代经济管理，2022，44（8）：31-38．

[84] 刘昌年，梅强．"专精特新"与小微企业成长路径选择研究 [J]．科技管理研究，2015（5）：126-130．

[85] 刘诚达．制造业单项冠军企业研发投入对企业绩效的影响研究——基于企业规模的异质门槛效应 [J]．研究与发展管理，2019，31（1）：33-43．

[86] 刘淑春，闫津臣，张思雪，等．企业管理数字化变革能提升投入产出效率吗 [J]．管理世界，2021，37（5）：170-190+13．

[87] 刘涛，张夏恒．我国中小企业数字化转型现状、问题及对策 [J]．贵州社会科学，2021（2）：148-155．

[88] 刘啸尘，姚玉英．基于"专精特新"政策背景的中小企业数字化转型路径研究 [J]．中小企业管理与科技，2023（8）：55-57．

[89] 刘洋，董久钰，魏江．数字创新管理：理论框架与未来研究 [J]．管理世界，2020，36（7）：198-217，219．

[90] 刘洋，应瑛，魏江，等．研发网络边界拓展、知识基与创新追赶 [J]．科学学研究，2015（6）：915-923．

[91] 刘志彪，孔令池．双循环格局下的链长制：地方主导型产业政策的新形态和功能探索 [J]．高等学校文科学术文摘，2021（2）：170-171．

[92] 刘志彪,凌永辉.中国经济:从客场到主场的全球化发展新格局[J].重庆大学学报(社会科学版),2020(6):1-9.

[93] 刘志彪,徐天舒.培育"专精特新"中小企业:补链强链的专项行动[J].福建论坛(人文社会科学版),2022(1):23-32.

[94] 柳卸林,王倩.创新管理研究的新范式:创新生态系统管理[J].科学学与科学技术管理,2021(10):20-33.

[95] 龙真.宏基 微笑曲线之困[J].当代经理人,2009(6):30-36.

[96] 陆岷峰,高绪阳.关于新时期进一步推动中小企业群体高质量发展的路径研究——基于培育"专精特新"中小企业视角[J].新疆社会科学,2022(5):61-72,178-179.

[97] 陆岷峰,王婷婷.数字技术与小微金融:担保与风险转移模式创新研究——基于数字技术在商业银行小微金融风险管理中的应用[J].当代经济管理,2021,43(3):72-82.

[98] 陆岷峰,徐阳洋.经济双循环背景下中小企业的机遇、挑战与成长的着力点[J].西南金融,2021(1):73-82.

[99] 陆岷峰,徐阳洋.科技向善:激发金融科技在金融创新与金融监管中正能量路径[J].南方金融,2021(1):10-19.

[100] 路光前."微笑曲线"与文化产业发展的经济分析[J].西北大学学报(哲学社会科学版),2010,40(6):96-98.

[101] 罗公利,杨青,边伟军.商业模式创新、动态能力与化工企业高质量发展[J].山东社会科学,2022(12):126-133.

[102] 罗来军,朱倍其.加快推进"专精特新"中小企业数字化转型[N].中国社会科学报,2023-09-05(003).

[103] 马亮,胡浩林,李娅宁.中小企业数字化转型路径探索——基于NCA与fsQCA方法[J].财会月刊,2023,44(17):152-160.

[104] 马永驰,季琳莉.从"微笑曲线"看"中国制造"背后的陷阱[J].统计与决策,2005(10):132-133.

[105] 毛蕴诗,郑奇志.基于微笑曲线的企业升级路径选择模型——理论框

架的构建与案例研究 [J]. 中山大学学报（社会科学版），2012，52（3）：162-174.

[106] 牛璐，陈志军，刘振. 资源与能力匹配下的中小企业数字化转型研究 [J]. 科学学研究，2024，42（4）：766-777.

[107] 潘艺，张金昌. 经济政策不确定性与企业数字化发展：促进还是抑制——来自中国 A 股上市企业的经验证据 [J]. 当代经济管理，2023，45（12）：22-31.

[108] 彭文如. 新时期中小企业财务管理内控对策探究 [J]. 中国市场，2023（25）：136-139.

[109] 戚聿东，肖旭. 数字经济时代的企业管理变革 [J]. 管理世界，2020，36（6）：135-152，250.

[110] 余东华，芮明杰. 模块化、企业价值网络与企业边界变动 [J]. 中国工业经济，2005（10）：88-95.

[111] 钱宏胜. 数字化背景下营商环境、双元创新与企业价值 [D]. 南京：南京财经大学，2023.

[112] 钱晶晶，何筠. 传统企业动态能力构建与数字化转型的机理研究 [J]. 中国软科学，2021（6）：135-143.

[113] 钱学锋，向波. "双循环"新发展格局与创新 [J]. 北京工商大学学报（社会科学版），2022，37（6）：101-110.

[114] 秦峰. 数字建造背景下中小微企业数字化转型的路径分析探讨 [J]. 商场现代化，2022（14）：105-107.

[115] 裘莹，郭周明. 数字经济推进我国中小企业价值链攀升的机制与政策研究 [J]. 国际贸易，2019（11）：12-20，66.

[116] 任保平，李培伟. 数字经济培育我国经济高质量发展新动能的机制与路径 [J]. 陕西师范大学学报（哲学社会科学版），2022，51（1）：121-132.

[117] 任力，章君，何苏燕. 习近平关于中小企业创新的重要论述及其实践意义 [J]. 泉州师范学院学报，2023，41（4）：11-17，39.

[118] 邵兵，匡贤明，王翚. 制造业企业业务流程数字化与企业价值：基于动

[119] 邵云飞，蒋瑞，杨雪程.顺水推舟：动态能力如何驱动企业创新战略演化？——基于西门子(中国)的纵向案例研究[J].技术经济,2023,42(3)：90-101.

[120] 申明浩，谭伟杰.数字化与企业绿色创新表现——基于增量与提质的双重效应识别[J].南方经济，2022（9）：118-138.

[121] 沈艳兵.大力发展专精特新中小企业 推动我国制造业高质量发展[J].中国发展观察，2023（6）：68-71.

[122] 盛依琳，严安琪，陈欣怡，等.专精特新"小巨人"企业盈利现状与扶持政策研究[J].太原城市职业技术学院学报，2022（11）：36-39.

[123] 孙安琪.双循环背景下提升中国企业全球价值链的对策研究[J].价格月刊，2022（11）：45-50.

[124] 孙胜难.基于FAHP的中小企业合作创新绩效评价研究[D].沈阳：沈阳理工大学，2023.

[125] 谭斌.中小企业走"专精特新"国际化道路探析[J].商业经济,2021（7）：76-78.

[126] 唐浩丹，蒋殿春.数字并购与企业数字化转型：内涵、事实与经验[J].经济学家，2021（4）：22-29.

[127] 唐琼."双循环"格局下中国制造业高质量发展的实践路径[J].技术经济与管理研究，2022（6）：111-116.

[128] 田岗，韩福荣.中国软件产业微笑曲线评析[J].管理现代化，2004（4）：25-27.

[129] 赵宇飞，吴燕霞.突破技术"卡脖子"，又被市场"卡脖子"：卖不出去的"首台套"[N].新华网，2021-07-28.

[130] 涂文婕.大公国际：多层次金融市场服务"专精特新"企业发展[N].新浪网，2023-07-19.

[131] 外汇局安徽省分局课题组.支持高新技术和"专精特新"企业发展 服务安徽科创金改试验区建设[J].中国外汇，2023（1）：61-63.

[132] 汪合黔,陈开洋.创新支持政策对企业研发投入和经营绩效的影响——来自专精特新"小巨人"企业的微观证据[J].南方金融,2022(11):22-35.

[133] 王春英,陈宏民.数字经济背景下企业数字化转型的问题研究[J].管理现代化,2021,41(2):29-31.

[134] 王会娟,陈新楷,陈文强,等.数字化转型能提高企业的风险承担水平吗?[J].财经论丛,2022(12):70-80.

[135] 王建.互联网技术在农业绿色发展中的应用[J].中国果树,2023(4):161.

[136] 王开科,吴国兵,章贵军.数字经济发展改善了生产效率吗[J].经济学家,2020(10):24-34.

[137] 王茂荣.打造更动人"微笑曲线"助推服装产业转型升级[J].中国高新技术企业,2011(7):133-135.

[138] 王雯雯,贾静雯,张延伟.区块链助力企业数字化转型过程中的风险研究[J].中国商论,2023(13):118-121.

[139] 王晓玲,陈艳,杨波.互联网时代组织结构的选择:扁平化与分权化——基于动态能力的分析视角[J].中国软科学,2020(S1):41-49.

[140] 王旭,张晓宁,牛月微."数据驱动"与"能力诅咒":绿色创新战略升级导向下企业数字化转型的战略悖论[J].研究与发展管理,2022,34(4):51-65.

[141] 王彦林,王莉.新发展格局下"专精特新"企业创新能力提升的困境与出路[J].当代经济管理,2023,45(9):21-27.

[142] 王瑶,曾德明,李健,等.桥接科学家创始人与企业技术创新绩效——基于专精特新"小巨人"企业的分析[J].科学学研究,2023,41(9):1690-1701.

[143] 王晔,陈洋,崔箫.求变还是求稳:动态能力对企业数字化转型的影响机制研究[J].东岳论丛,2022,43(8):88-96.

[144] 王宇静,张振裕.如何深耕专精特新赛道[N].泉州晚报,2023-09-15(010).

[145] 文婷, 张生丛. 价值链各环节市场结构对利润分布的影响——以晶体硅太阳能电池产业价值链为例 [J]. 中国工业经济, 2009（5）: 150-160.

[146] 巫强, 黄孚, 汪沛. 企业数字化转型动机与多元化转型路径研究 [J]. 财经问题研究, 2023（9）: 117-129.

[147] 巫强, 姚雨秀. 企业数字化转型与供应链配置: 集中化还是多元化 [J]. 中国工业经济, 2023（8）: 99-117.

[148] 吴非, 胡慧芷, 林慧妍, 等. 企业数字化转型与资本市场表现——来自股票流动性的经验证据 [J]. 管理世界, 2021, 37（7）: 130-144, 10.

[149] 吴江, 陈浩东, 陈婷. 中小企业数字化转型的路径探析 [J]. 新疆师范大学学报（哲学社会科学版）, 2024, 45（1）: 96-107.

[150] 吴荣光. "专精特新" 新型媒体的界定与路径探索 [J]. 中国地市报人, 2023（9）: 77-79.

[151] 吴伟伟, 张天一. 非研发补贴与研发补贴对新创企业创新产出的非对称影响研究 [J]. 管理世界, 2021, 37（3）: 137-160, 10.

[152] 向海燕, 李梦晨. 资源基础、动态能力与制造企业服务化转型——基于美的集团的案例研究 [J]. 技术经济, 2022, 41（12）: 157-167.

[153] 肖静华, 胡杨颂, 吴瑶. 成长品: 数据驱动的企业与用户互动创新案例研究 [J]. 管理世界, 2020, 36（3）: 183-205.

[154] 肖旭, 戚聿东. 产业数字化转型的价值维度与理论逻辑 [J]. 改革, 2019（8）: 61-70.

[155] 谢菁. 我国"专精特新"企业支持政策的现状、不足与优化建议 [J]. 科技管理研究, 2023, 43（3）: 44-52.

[156] 谢鹏, 韦依依, 乔小涛. 数字化创新准备、动态能力与企业数字化创新 [J]. 华东经济管理, 2023, 37（7）: 49-58.

[157] 辛琳, 边婉婷. 数字化转型维度与"专精特新"企业创新 [J]. 会计之友, 2024（3）: 50-57.

[158] 徐细雄, 段玲玲, 林翠梁, 等. 数字化进程与企业风险防御: 基于动态能力理论视角 [J]. 外国经济与管理, 2023, 45（8）: 51-67.

[159] 闫彩凤, 郭淑娟. 数字化转型赋能企业绿色创新战略 [J]. 财会月刊, 2023（19）: 38-45.

[160] 杨东日. "专精特新"中小企业发展情况及政策措施展望 [J]. 网络安全和信息化, 2023（5）: 1-4.

[161] 杨磊, 潘桂花, 侯贵生. 中小企业数字化转型关键参与主体的行为演化 [J]. 科技管理研究, 2022, 42（6）: 112-123.

[162] 杨林, 曾繁华. 微笑曲线视角下的我国制造业竞争策略及其演化 [J]. 科技进步与对策, 2009, 26（16）: 59-62.

[163] 杨伟, 吉梨霞, 周青. 企业数字化转型对创新生态系统的影响: 基于市场规模动态的多 Agent 模型 [J]. 中国管理科学, 2022（6）: 223-232.

[164] 叶春梅, 吴利华. 环境政策、动态能力与企业绿色转型——广西柳州钢铁集团纵向案例分析 [J]. 科技进步与对策, 2023, 40（10）: 1-12.

[165] 叶娟, 刘宏蛟. 基于微笑曲线理论的中国建筑业核心竞争力研究 [J]. 中国工程科学, 2008, 10（12）: 86-91.

[166] 余澳, 张羽丰, 刘勇. "专精特新"中小企业数字化转型关键影响因素识别研究——基于1625家"专精特新"中小企业的调查 [J]. 经济纵横, 2023（4）: 79-89.

[167] 余建形, 徐维祥, 楼杏丹. "微笑曲线"和高技术产业发展 [J]. 经济问题探索, 2005（9）: 88-90.

[168] 袁胜超. 数字化驱动了产学研协同创新吗？——兼论知识产权保护与企业吸收能力的调节效应 [J]. 科学学与科学技术管理, 2023, 44（4）: 60-81.

[169] 岳鹄, 刘涛. 数字普惠金融促进"专精特新"中小企业融资的机制、挑战与政策建议 [C]// 新兴经济体研究会, 中国国际文化交流中心, 广东工业大学. 新发展格局与新型全球化论文集（下）. 广东工业大学经济与贸易学院, 2021: 12.

[170] 詹晓宁, 欧阳永福. 数字经济下全球投资的新趋势与中国利用外资的新战略 [J]. 管理世界, 2018（3）: 78-86.

[171] 张超, 陈凯华, 穆荣平. 数字创新生态系统: 理论构建与未来研究 [J]. 科研管理, 2021, 42（3）: 1-11.

[172] 张承耀, 李小兰."小巨人企业"的十大特征——品评《小巨人企业》一书 [J]. 经济管理, 2007（17）: 92-96.

[173] 张海峰, 孟亚洁. ICT 赋能"专精特新"中小企业数字化的路径探析 [J]. 通信世界, 2022（21）: 16-17.

[174] 张吉昌, 龙静. 数字化转型、动态能力与企业创新绩效——来自高新技术上市企业的经验证据 [J]. 经济与管理, 2022, 36（3）: 74-83.

[175] 张吉光, 陈舟楫, 傅家范."专精特新"中小企业全生命周期金融服务模式研究 [J]. 北方金融, 2022（11）: 14-19.

[176] 张杰, 逯艳. 提升产业链供应链韧性和安全的理论探究与实现路径 [J]. 中州学刊, 2023（7）: 37-43.

[177] 张杰. 政府创新补贴对中国企业创新的激励效应——基于 U 型关系的一个解释 [J]. 经济学动态, 2020（6）: 91-108.

[178] 张睿, 石晓鹏, 陈英武."专精特"小巨人企业培育路径研究——以苏南地区为例 [J]. 中国工程科学, 2017, 19（5）: 97-102.

[179] 张夏恒. 中小企业数字化转型障碍、驱动因素及路径依赖——基于对 377 家第三产业中小企业的调查 [J]. 中国流通经济, 2020, 34（12）: 72-82.

[180] 张新, 徐瑶玉, 马良. 中小企业数字化转型影响因素的组态效应研究 [J]. 经济与管理评论, 2022, 38（1）: 92-102.

[181] 张远记, 韩存. 企业数字化转型、技术创新与市场价值——来自"专精特新"上市企业的经验证据 [J]. 统计与决策, 2023, 39（14）: 163-167.

[182] 赵艺璇, 成琼文, 郭波武. 创新生态系统情境下核心企业跨界扩张的实现机制——社会嵌入视角的纵向单案例分析 [J]. 南开管理评论, 2022（6）: 52-63.

[183] 郑浩, Parkinson L F. 对金融业模块化组织中"微笑曲线"的实证性研究——知识的视角 [J]. 情报杂志, 2012, 31（4）: 188-195.

［184］中小企业高质量发展洞察"专精特新"企业发展研究报告[C]//上海艾瑞市场咨询有限公司.艾瑞咨询系列研究报告（2022年第9期），艾瑞咨询产业数字化研究部，2022：46.

［185］周适.中小企业发展面临的趋势、问题与支持战略研究[J].宏观经济研究，2022（7）：163-175.

［186］周驷华，万国华.信息技术能力对供应链绩效的影响：基于信息整合的视角[J].系统管理学报，2016，25（1）：90-102.

［187］周婷婷，李孟可.硬科技创新、行业科技自立自强与专精特新企业跨量级发展[J].软科学，2023，37（11）：57-64.

［188］朱广学.民营中小企业人才队伍建设存在的问题及对策分析[J].山西青年，2019（7）：46-47.

［189］朱文凤.聚焦专精特新中小企业高速发展之路越走越稳[J].通信世界，2022（18）：18-19.

［190］朱武祥，张平，李鹏飞，等.疫情冲击下中小微企业困境与政策效率提升——基于两次全国问卷调查的分析[J].管理世界，2020，36（4）：13-26.

［191］朱小艳."专精特新"企业数字化转型：现实意义、制约因素与推进策略[J].企业经济，2023，42（1）：53-59.